Adão e Eva

Adão e Eva

YACO

Adão e Eva
Lembranças do Paraíso

Ilustrações

Silvana Vryll

Quinto Reino
Ediciones

Conteúdo

Um mundo de paz

Um Mundo de Paz é, antes de tudo, um mundo sem necessidades,
onde as Ciências Sociais erradicaram a pobreza e
a fome de maneira definitiva.

Um Mundo de Paz é, antes de tudo, um mundo em que
a Educação capacitou o homem para que ele não seja vencido
pelos desafios da vida.

Um Mundo de Paz é, antes de tudo, um mundo Religioso
onde toda religião conseguiu expressar o mais essencial de si mesma,
e todo homem e todo povo conseguiu reconhecer que
a Irmandade que os une é a fiel testemunha de termos compreendido
e compartilhado nossa vida comum em Deus.

Um Mundo de Paz é, antes de tudo, um mundo em que a Ciência
não ameaça a vida, mas a protege e prolonga.

Um Mundo de Paz é, antes de tudo, um mundo onde as Leis
que governam a vida dos homens foram inspiradas
pelas correntes da Vida Universal.

Um Mundo de Paz é, antes de tudo, um mundo onde a Política
conseguiu combinar o destino dos povos e, através
desta conquista, foi capaz de apontar a cada nação seu destino
e a própria razão de sua existência.

Um Mundo de Paz é, antes de tudo, um mundo onde a Economia
representa a Proporção Divina, onde a caridade uniu a
humanidade à Divina Providência e, como resultado dessa
nobre gestão, permitiu ao planeta estar
incluído na Ordem do Universo.

Yaco

Apresentando Yaco

Apresentar Yaco ao mundo é como convidar todo homem e mulher a consagrar sua própria natureza humana. É colocá-lo diante de um portal de sabedoria celestial através do qual fluem as mais belas frequências dos amados Mestres Espaciais, irradiando conhecimento e bem-aventurança para os futuros herdeiros do Reino de Deus na Terra.

Yaco fala de uma doutrina que está além do tempo e do espaço, além da pesquisa humana, algo que só pode ser entendido se acalmarmos nossa mente, para que ela possa refletir a grandeza e perfeição da Criação Divina.

Suas palavras penetram nosso interior, expandem nossas percepções e nos proporcionam uma melhor compreensão da realidade, de nossa autenticidade, do retorno ao Paraíso esquecido, do potencial existente dentro de nós, à espera de uma direção destinada à ascensão da alma.

Nesta edição especial, você entrará em contato com esse conhecimento, com textos extraídos do futuro da evolução humana na Terra, que devem ser inseridos energicamente neste presente, em preparação para o porvir. Abra mão da lógica racional e aprofunde o seu espaço interior para entender a natureza dessas mensagens.

Vivemos momentos decisivos. O Ultimato Planetário soa no consciente ou inconsciente de cada ser humano. O planeta exige mudanças de postura para que possamos restabelecer o Plano de Deus na Terra.

Os Mestres da Sabedoria agem através de seu amor infinito e modelam suas escolas no espaço, transmitem as doutrinas que, trazidas a este plano, fornecem a plataforma de apoio necessária para a descida da força Crística na Terra.

Yaco vem preparar este momento. Sua mensagem é uma canção de esperança e bênção, sua palavra é uma certeza de que somos assistidos e amados por nossos Grandes Irmãos Espaciais.

André Luis Cavalcante de Albuquerque
20 de janeiro de 1991, Curitiba, Brasil

Palavras preliminares
sobre uma obra inédita

O texto que você tem em suas mãos foi escrito em 2002. Em setembro daquele ano, o autor deu as últimas pinceladas na imagem do paraíso e, em março do ano seguinte, foi internado em Curitiba. O autor deixou este mundo alguns meses depois, em meados de novembro de 2003. Mas esses versos permaneceram inéditos, talvez por atender uma ordem que somente a vida conhece. Então agora apresentamos pela primeira vez, após um processo de vários anos, o último trabalho de Yaco, síntese de sua oração ao Amor Eterno.

Yaco foi um homem que testemunhou valores eternos e que, por seu trabalho, foi coroado como mestre pela vida. A arte do autor é misturada como na alquimia, nesta publicação de Adão e Eva, com o florescimento das sementes plantadas em seus discípulos; os quais cresceram no calor de seus ensinamentos, que aprenderam sobre o significado da vida e da existência enquanto caminhavam com ele. Após sua partida, surgiu uma nova maneira de aprender. Havia que andar sozinho, conversar com sua ausência e encontrar suas próprias respostas.

Gradualmente, começou-se a vislumbrar no horizonte que, aquilo que antes era percebido como ausência, agora se tornava um apoio dimensional. Diálogos sutis surgiram na consciência e, assim, passo a passo, o ensino se tornou vivo em seus corações. Este livro incorpora a disseminação do legado que a palavra de Yaco concedeu à humanidade. Onde a ausência e a presença se encontram, a Eternidade se torna presente e a Onipresença cobre tudo.

As linhas que você percorrerá em alguns instantes formam uma espécie de atmosfera onipresente, uma condição necessária para chegar a um triplo mistério que pulsa dentro de quem busca a eternidade. O primeiro mistério é a noção de um diálogo entre Adão e Eva, os arquétipos do feminino e do masculino. O segundo mistério é o encontro transcendente dessas polaridades para alcançar o ser andrógino. Toda a plenitude que se pode experimentar na vida é "uma amostra do estado andrógino vivo". A partir daqui a realidade do Paraíso, aquele estado de gestação do ser integrado que gerará Filhos da Eternidade, emergirá sem esforço. Desse modo, reconhecemos que não perdemos o Paraíso, apenas esquecemos que o carregamos em nós desde a origem de todas as coisas. Este é o terceiro mistério ou, como o próprio Mestre disse ao falar do livro, "é uma canção de reconhecimento ao Casal Humano Primordial, de modo que cada ser humano celebra o mesmo mistério interior".

Deixe os ventos soprarem nestes versos, então. Deixe-os voar ao redor do mundo e que, em sua jornada, fertilizem todo coração humano com fome de Eternidade.

O editor

Este livro é uma homenagem

Ao casal primordial

No começo e no fim da raça humana

E ao que sem dúvida será
ao longo dos séculos,
o processo de propagação de uma então
Humanidade Iluminada.

Adão e Eva

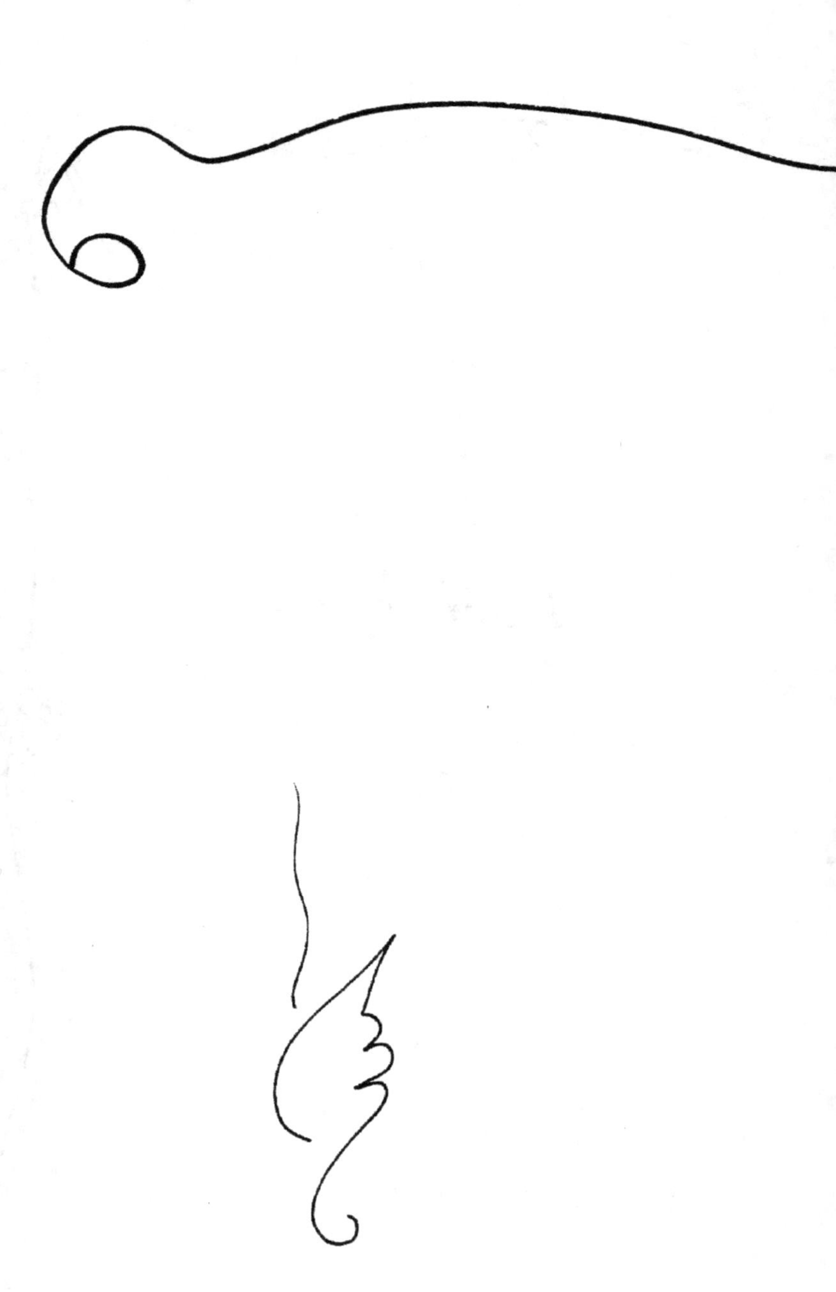

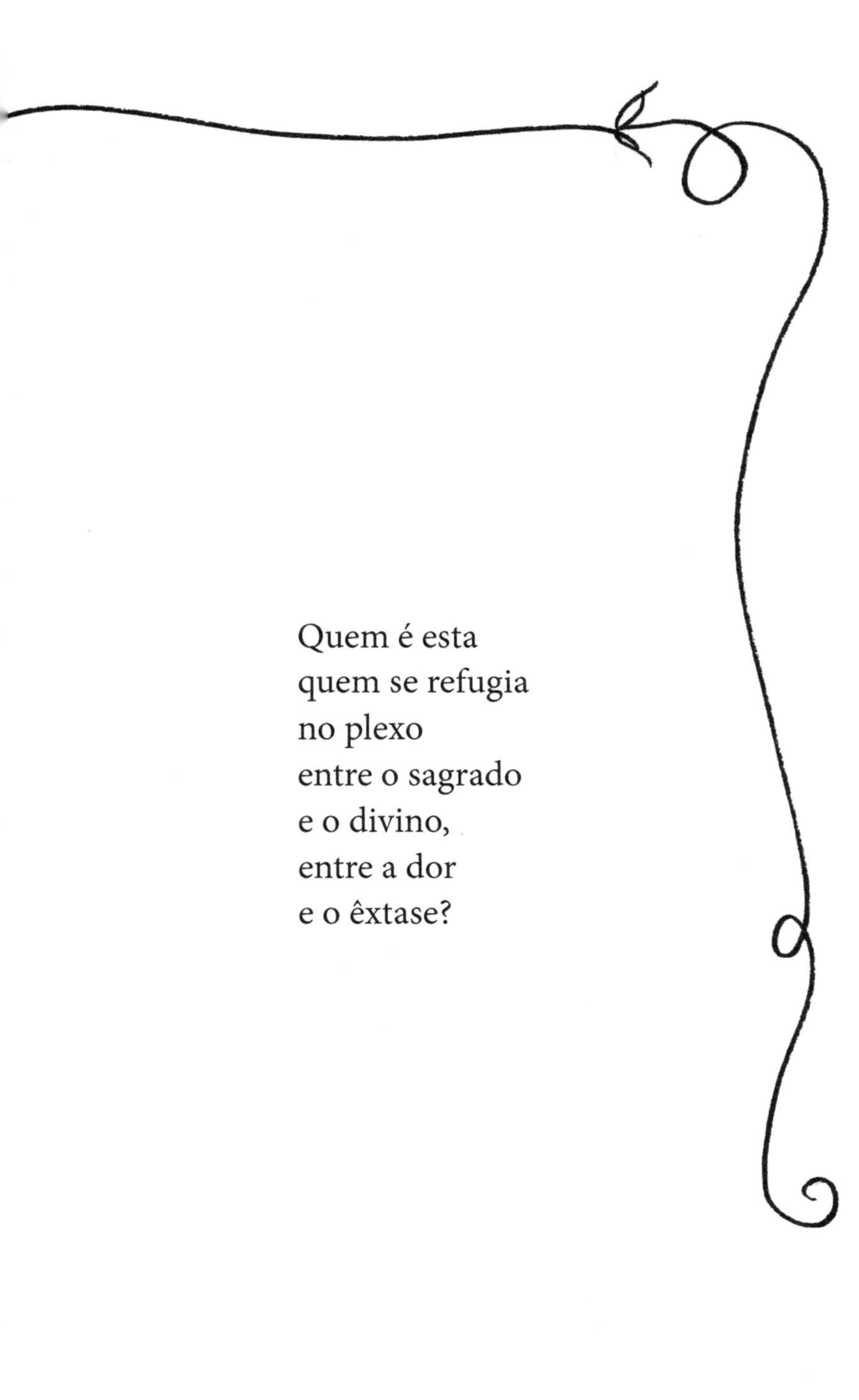

Quem é esta
quem se refugia
no plexo
entre o sagrado
e o divino,
entre a dor
e o êxtase?

Quem é esta
que, no seu caminho,
consagra tudo?

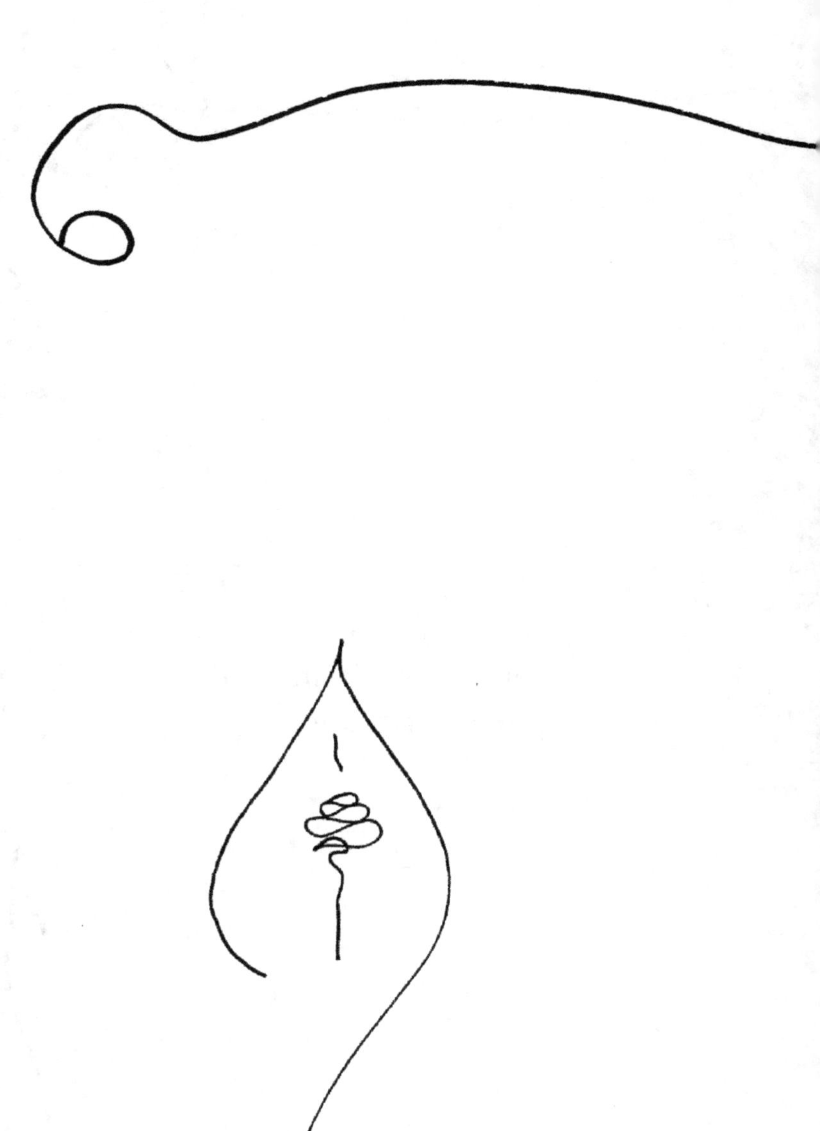

Assim como
se fosse resgatada de um sonho,
sobe
pelo único caminho
que a leva
à Eternidade.

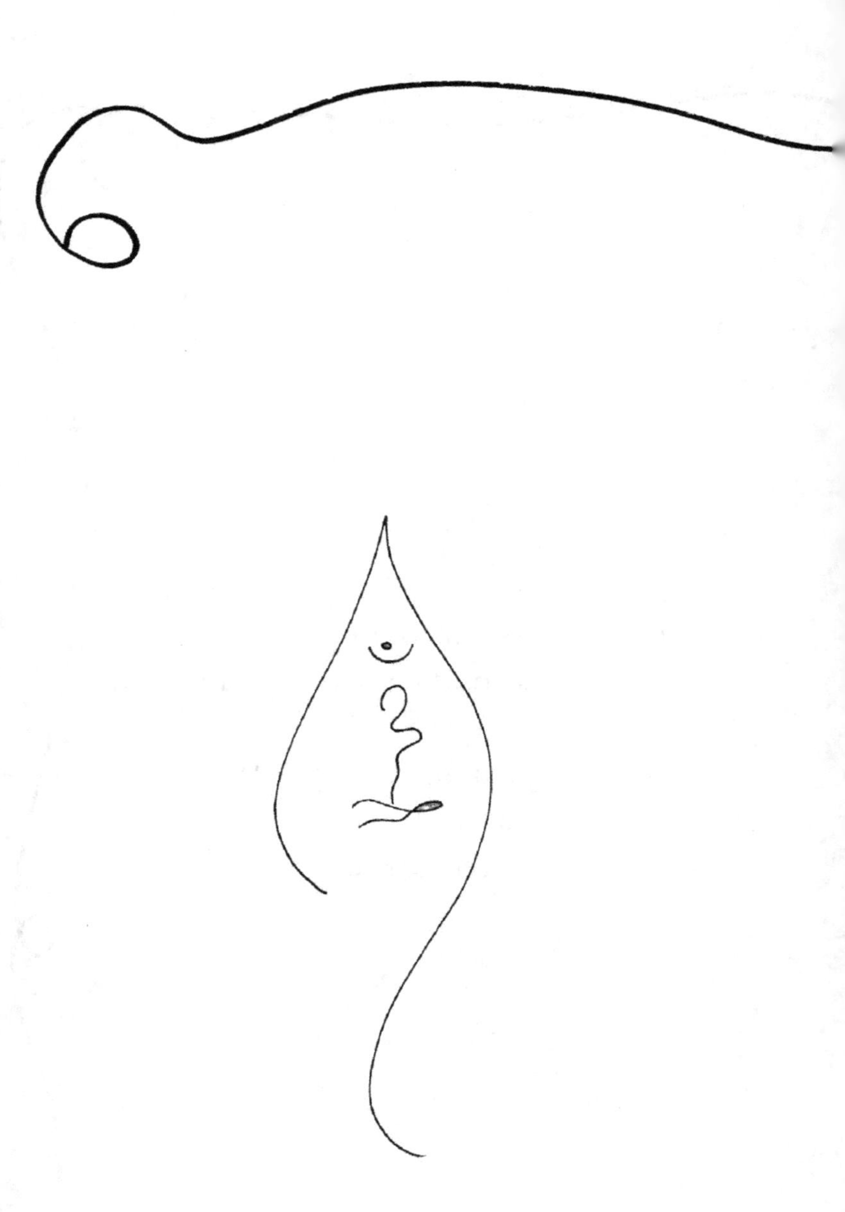

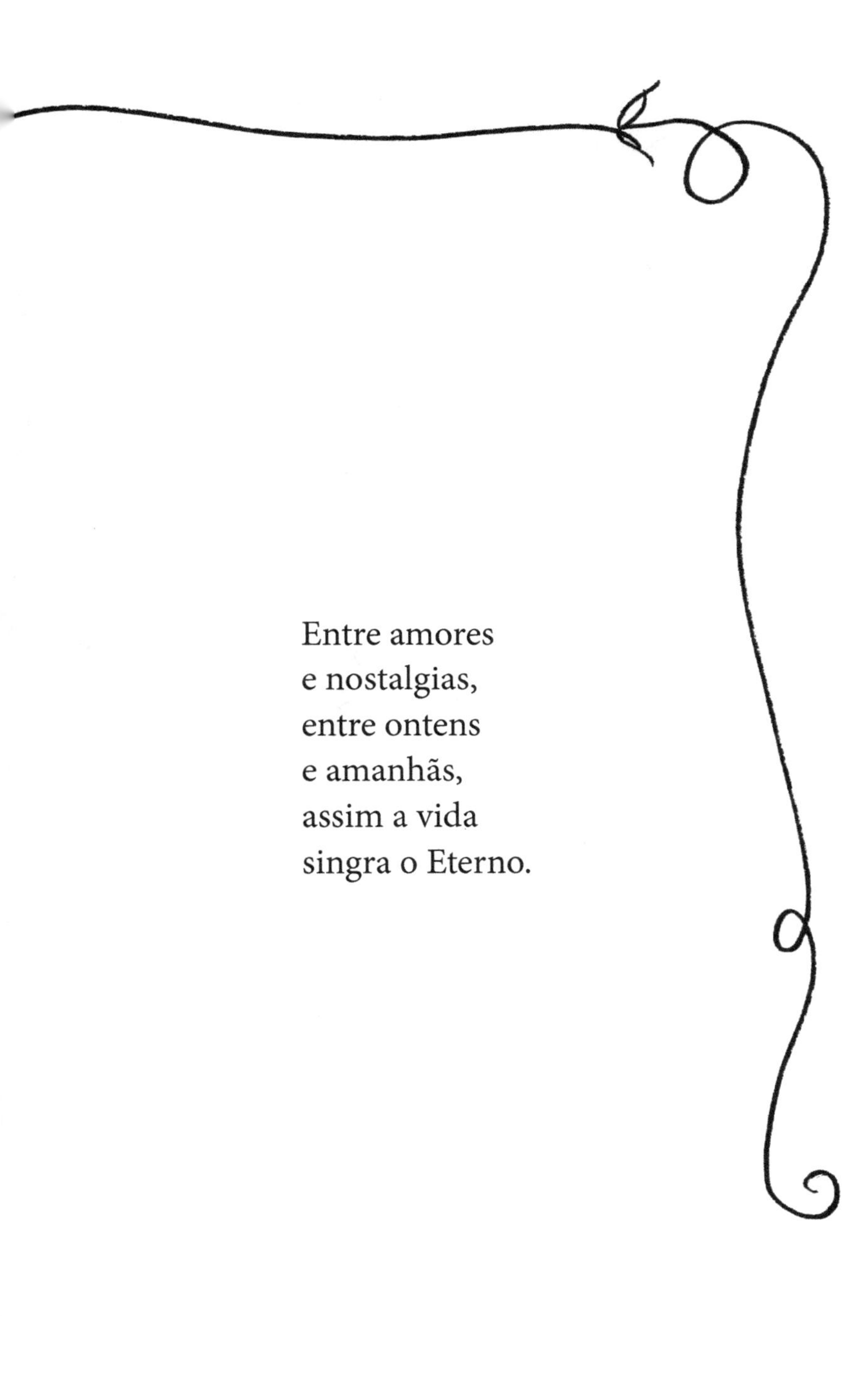

Entre amores
e nostalgias,
entre ontens
e amanhãs,
assim a vida
singra o Eterno.

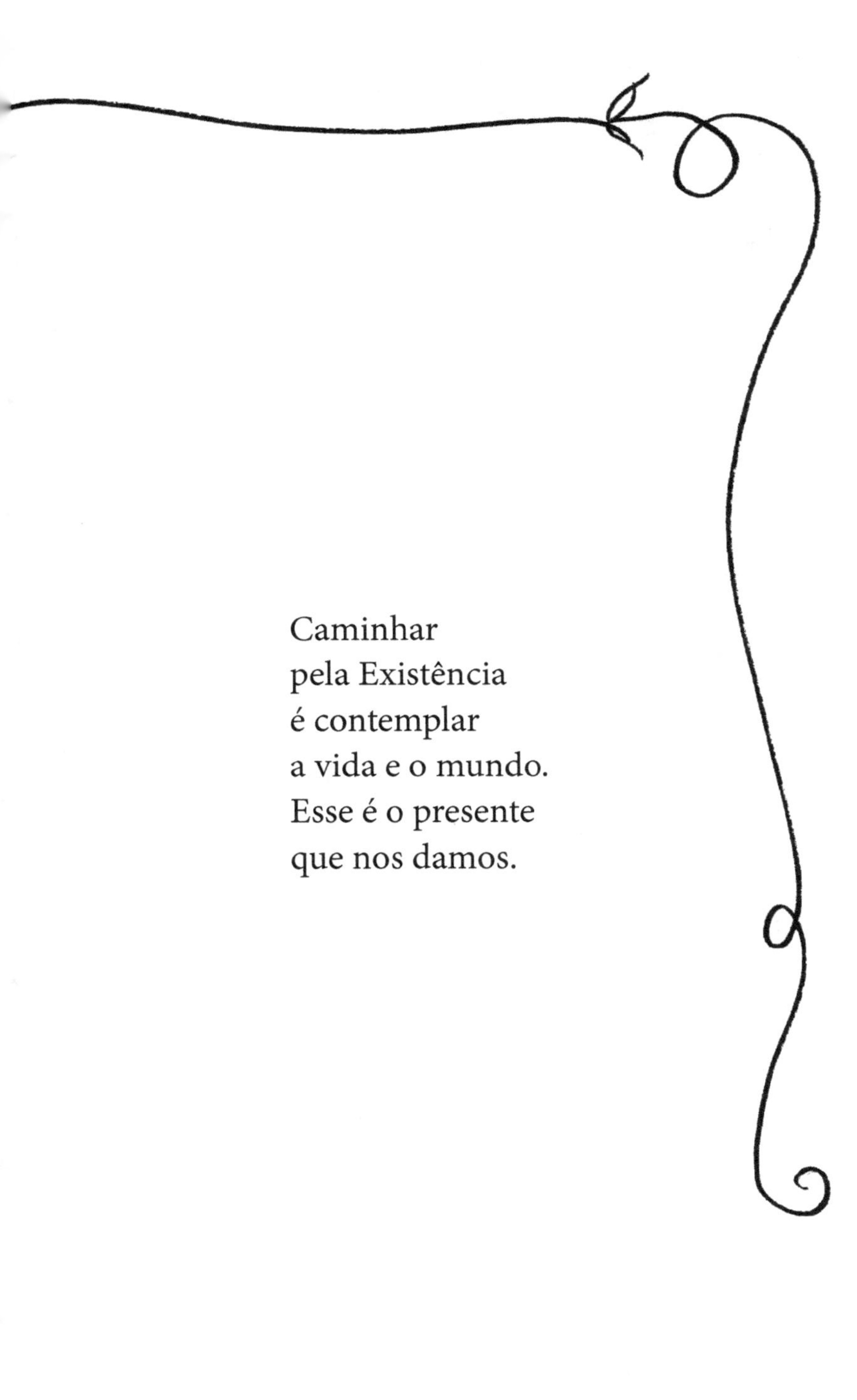

Caminhar
pela Existência
é contemplar
a vida e o mundo.
Esse é o presente
que nos damos.

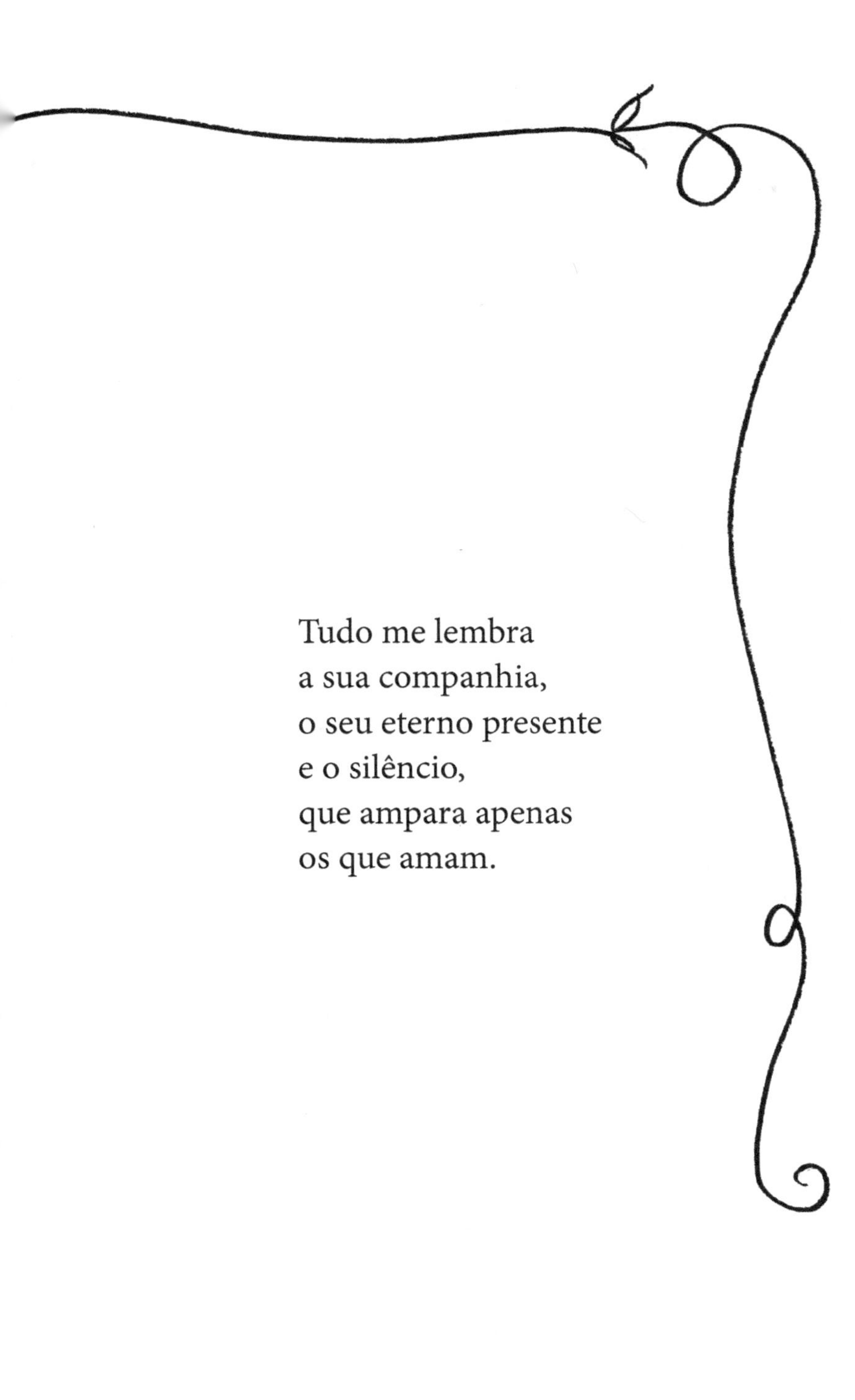

Tudo me lembra
a sua companhia,
o seu eterno presente
e o silêncio,
que ampara apenas
os que amam.

O coração
é o ponto
de partida.
A meta,
o Universo.

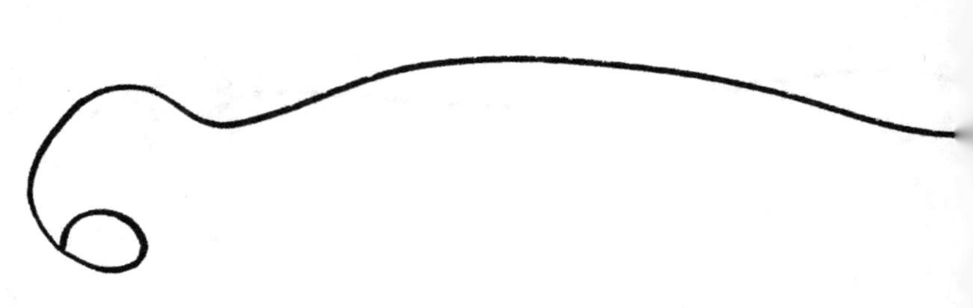

Como se emergisse
de um sonho,
eu te reconheci
quando acordei.
Fazia milênios
que dormiam
na doce ilusão
dos amores humanos.

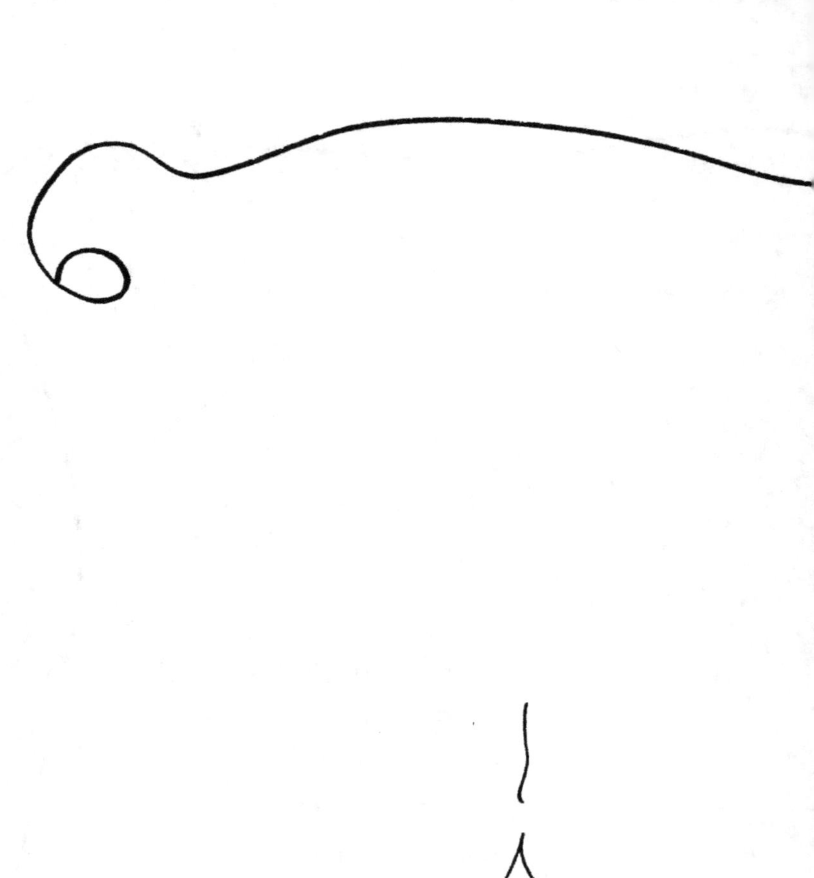

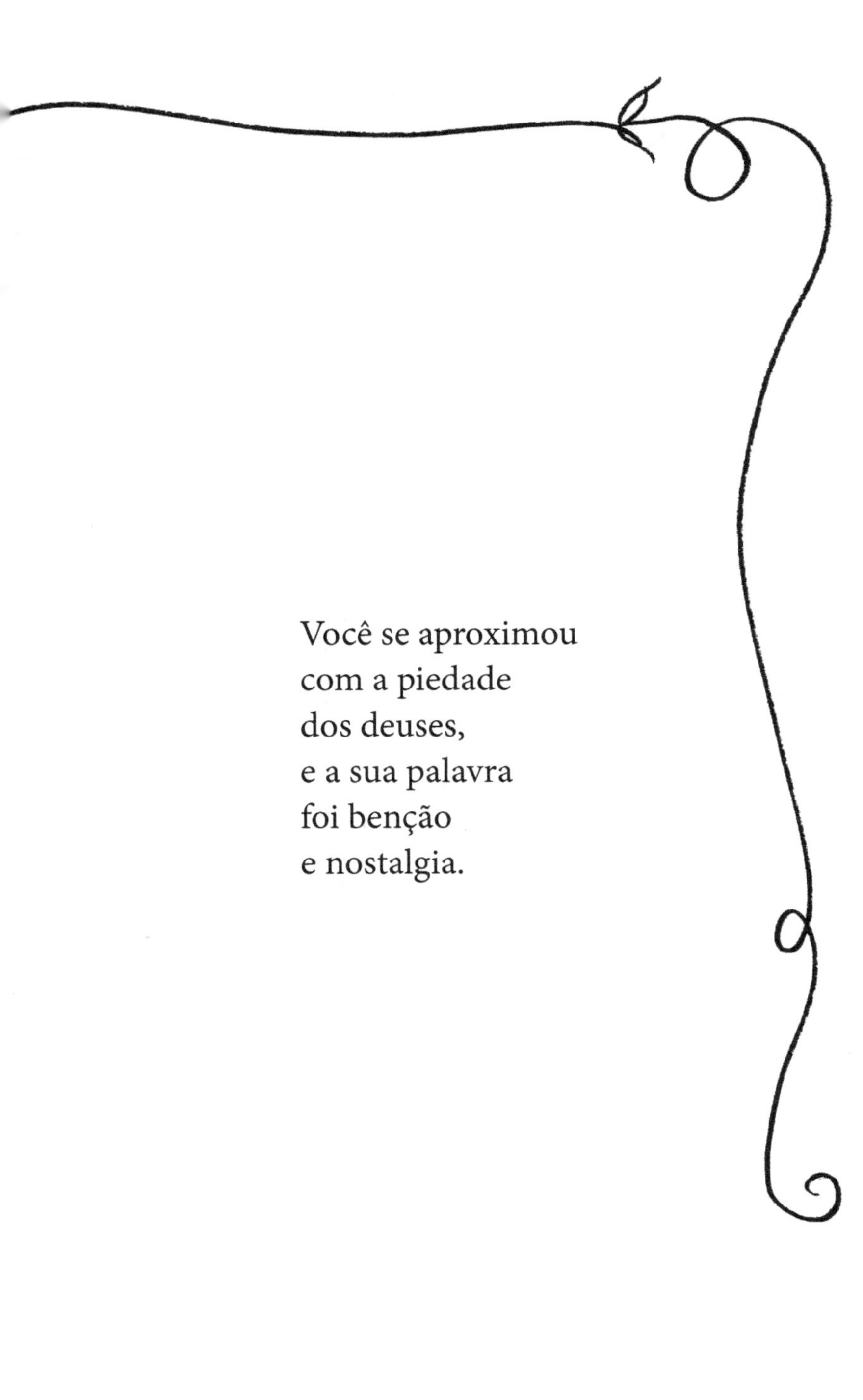

Você se aproximou
com a piedade
dos deuses,
e a sua palavra
foi benção
e nostalgia.

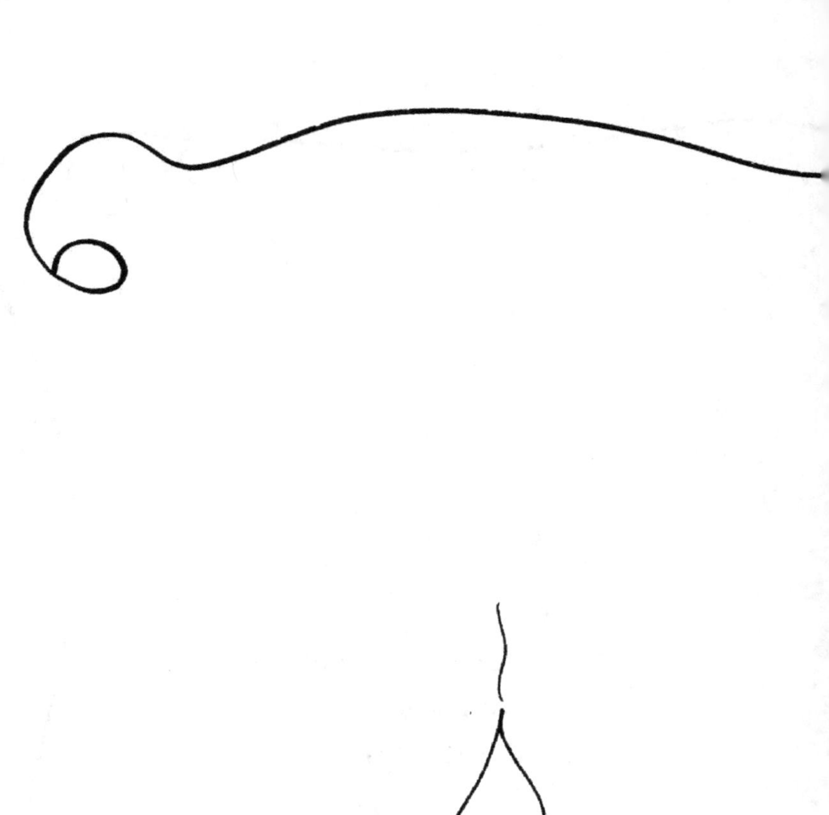

Então, a matéria
que era
minha própria alma
alcançou
os Começos.

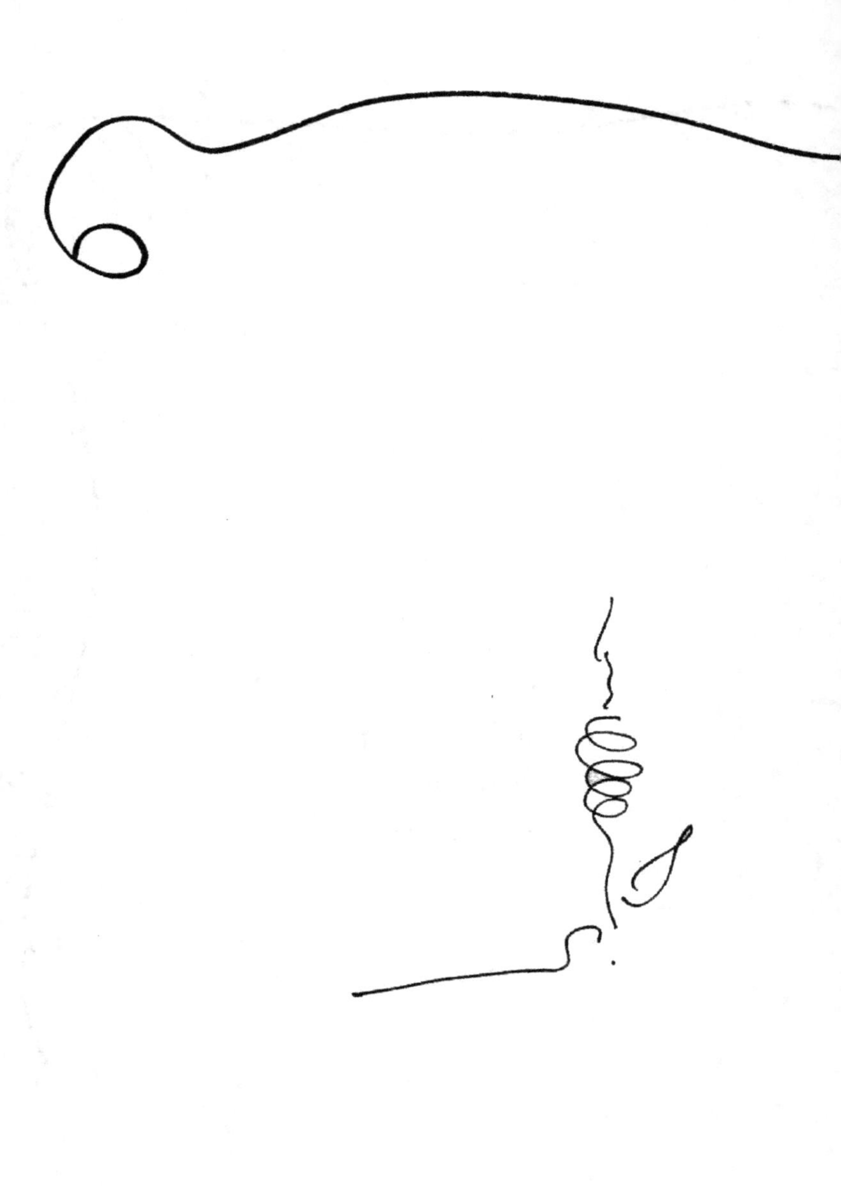

Quanto tempo
eu vivi sem você,
sem saber
e sem reconhecer
que não sabia disso.

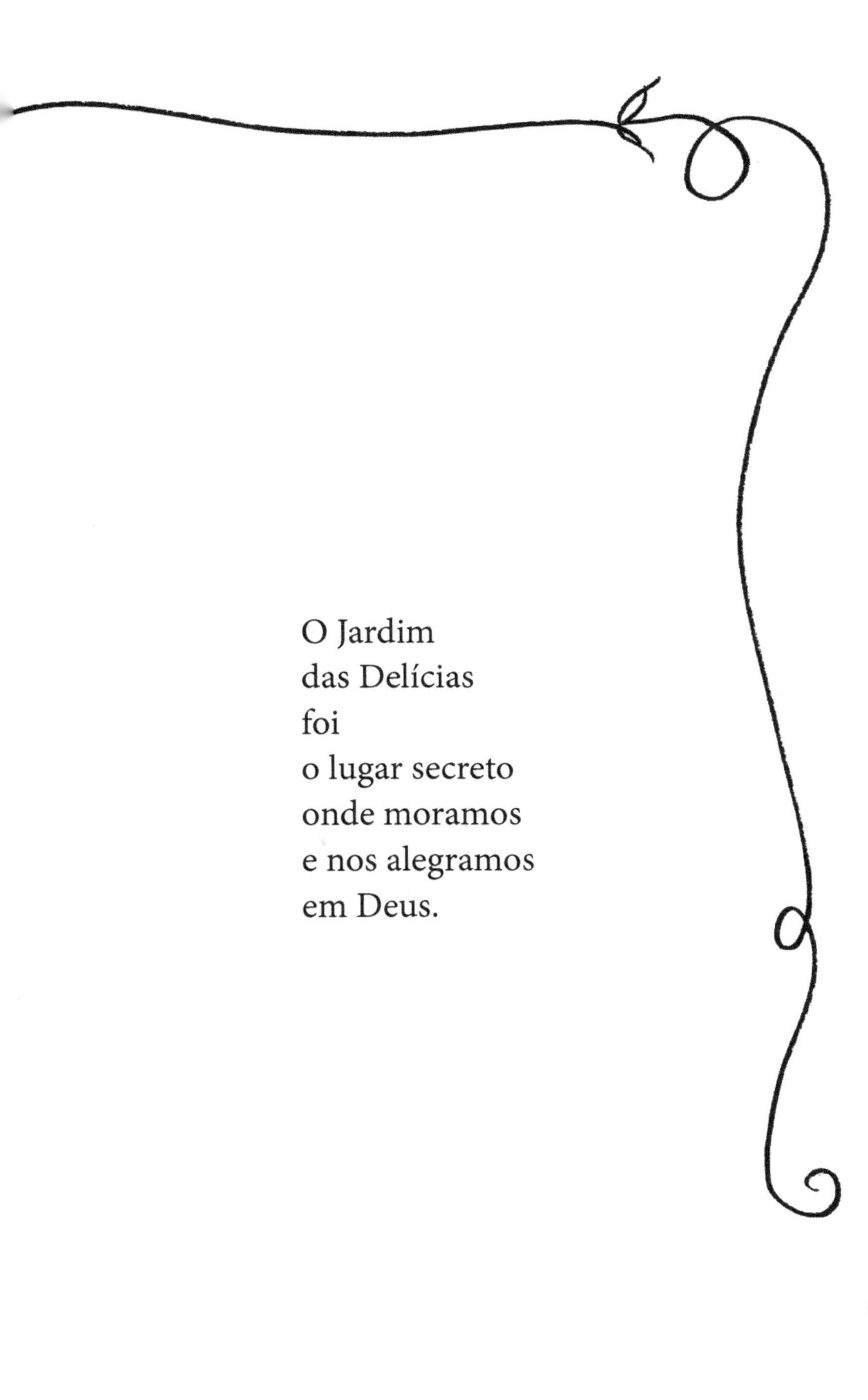

O Jardim
das Delícias
foi
o lugar secreto
onde moramos
e nos alegramos
em Deus.

Ali
nós planejamos
nossa existência.
Mas quanto tempo
precisamos
para lembrar!

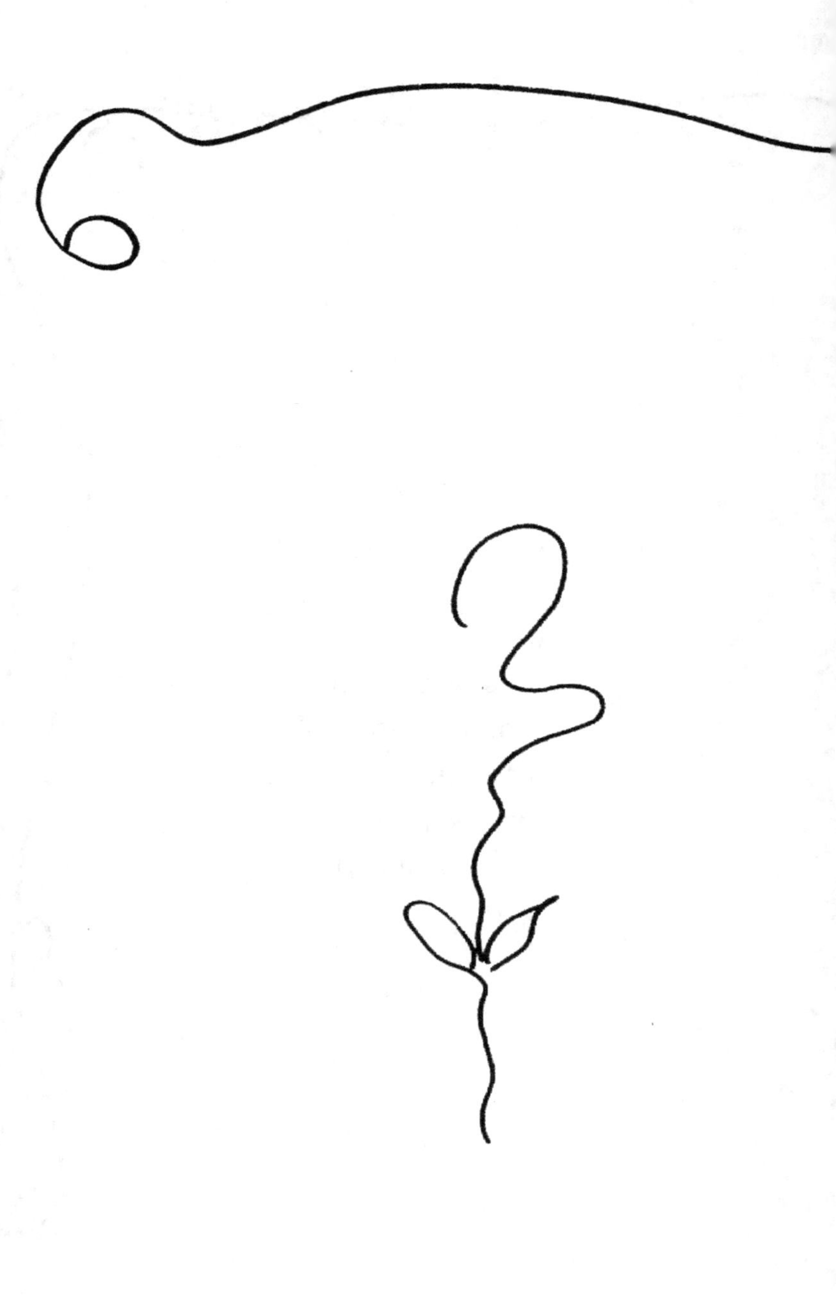

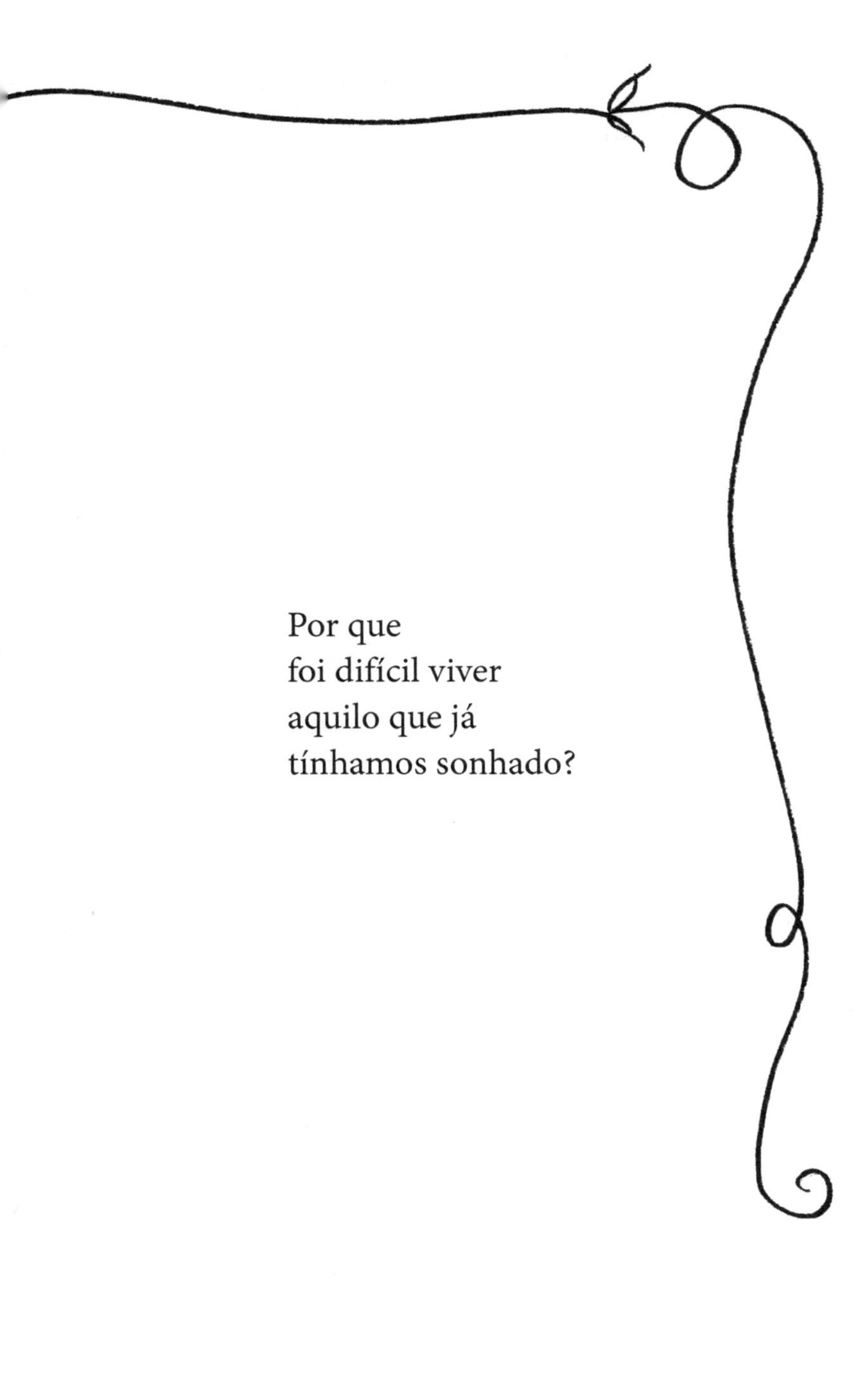

Por que
foi difícil viver
aquilo que já
tínhamos sonhado?

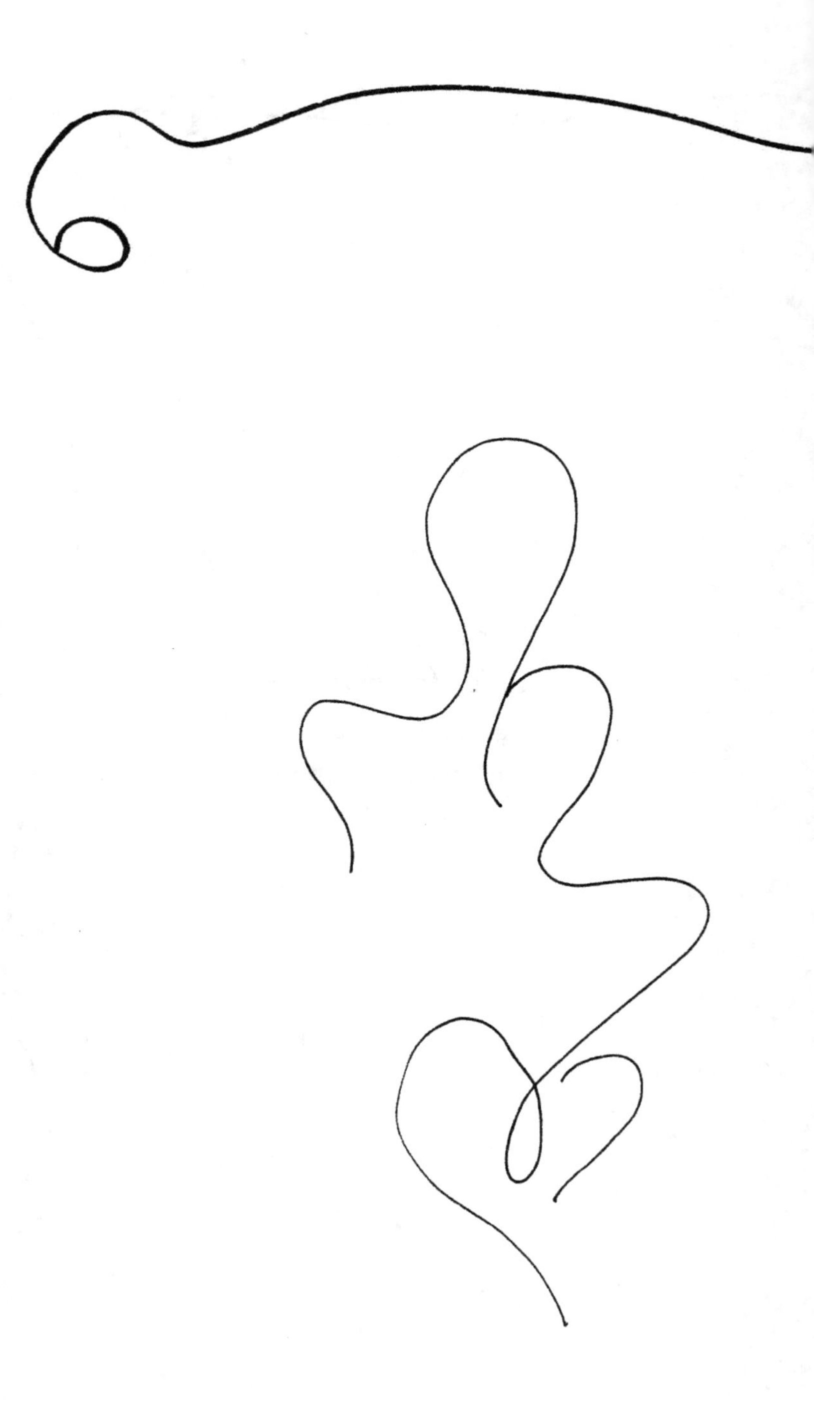

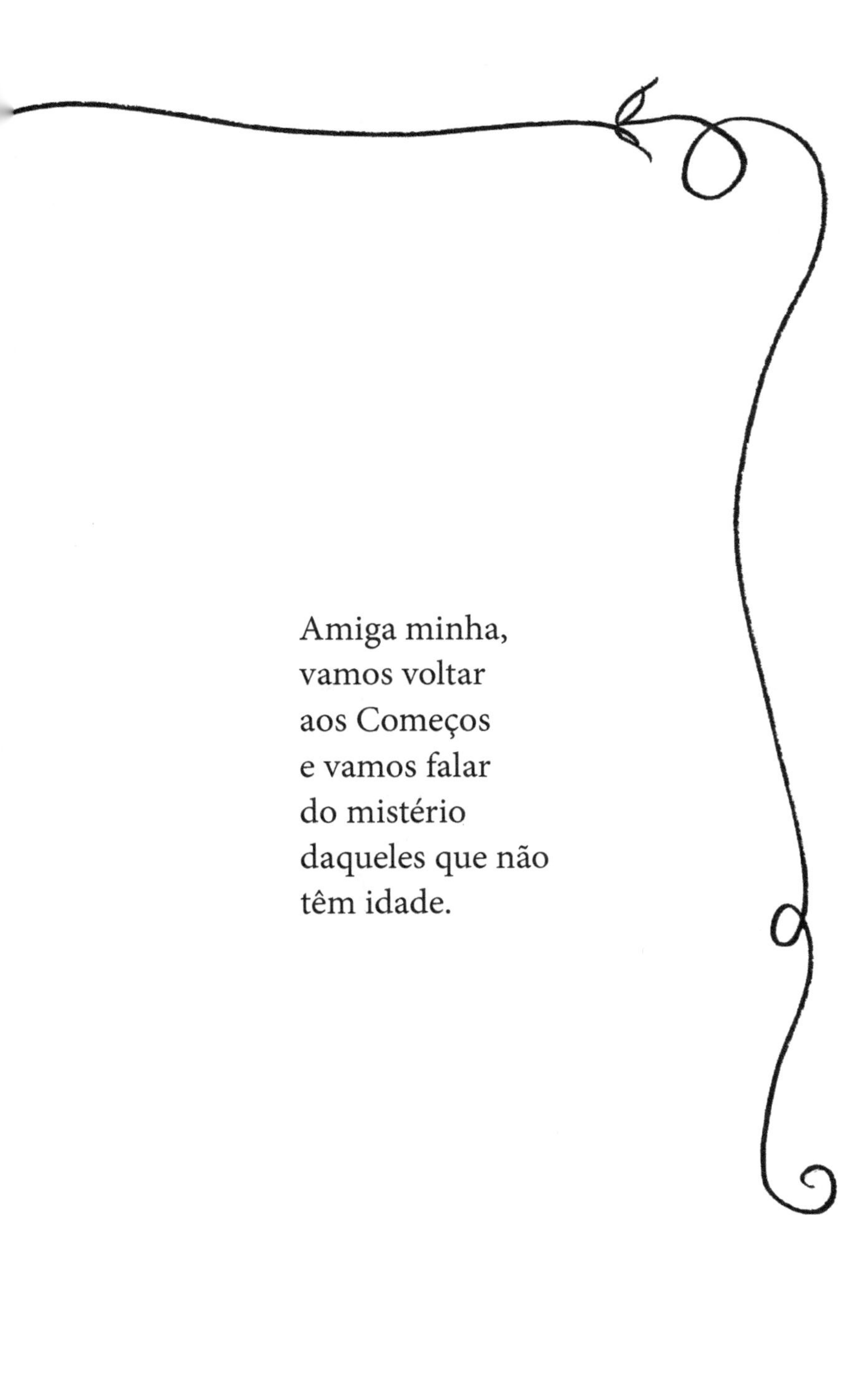

Amiga minha,
vamos voltar
aos Começos
e vamos falar
do mistério
daqueles que não
têm idade.

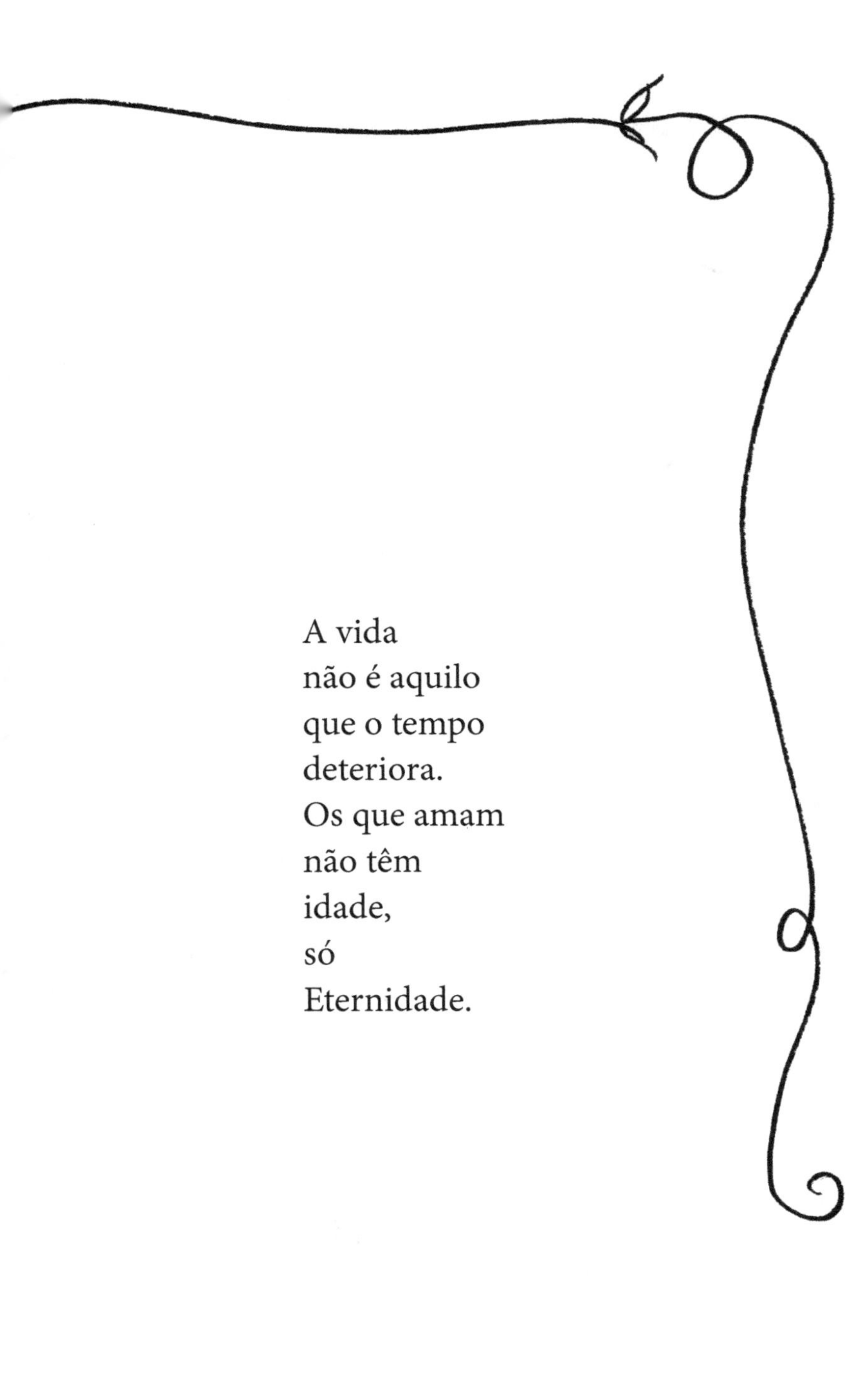

A vida
não é aquilo
que o tempo
deteriora.
Os que amam
não têm
idade,
só
Eternidade.

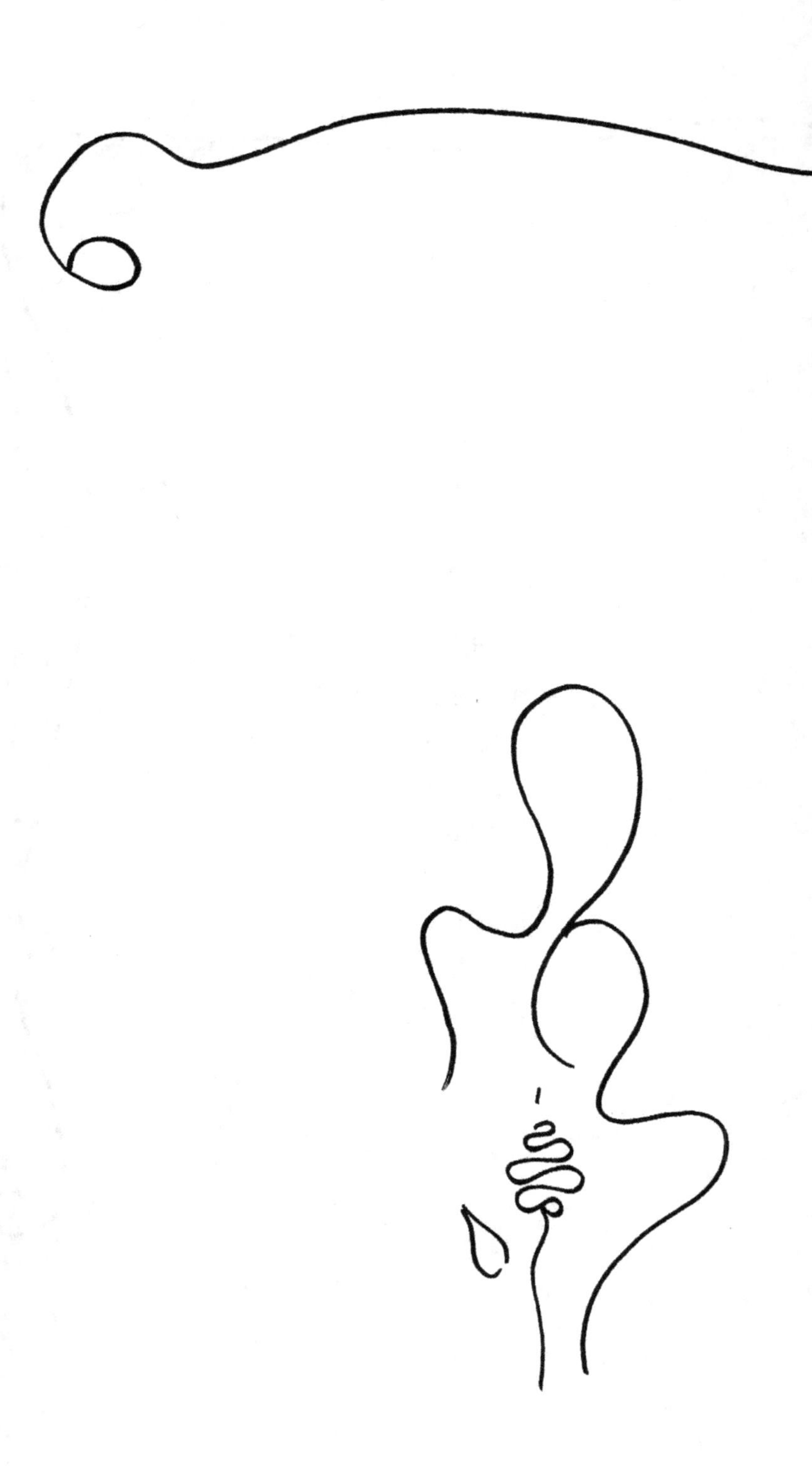

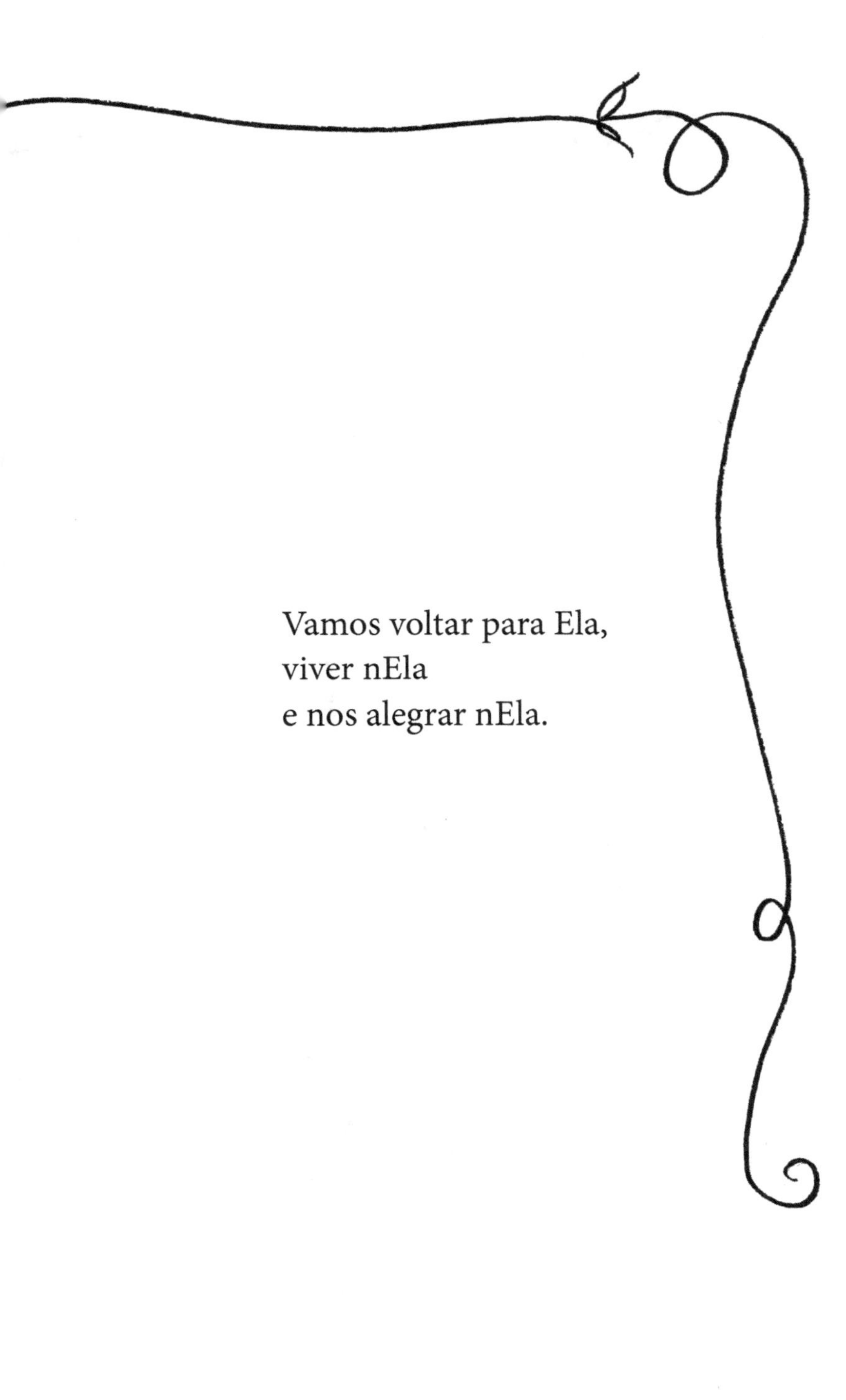

Vamos voltar para Ela,
viver nEla
e nos alegrar nEla.

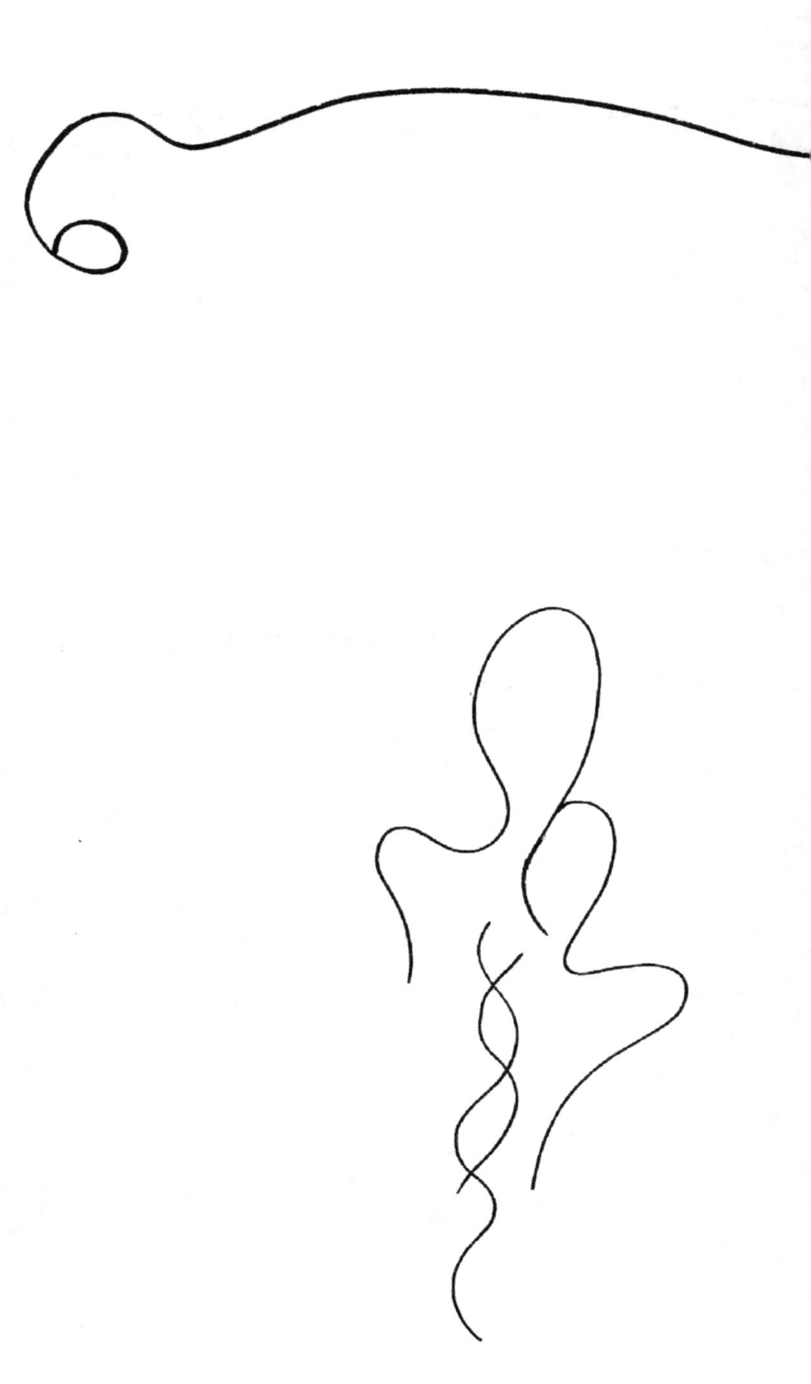

Vamos conceder
ao mundo
esse mistério
que nunca
deixará de ser,
porque faz parte
do mesmo Deus
que carregamos
dentro de nós.

Cair aos seus pés
foi uma
recuperação.
Já não haverá mais
esquecimento nem sonho.
Só
o Eterno Presente
do qual
fazemos parte.

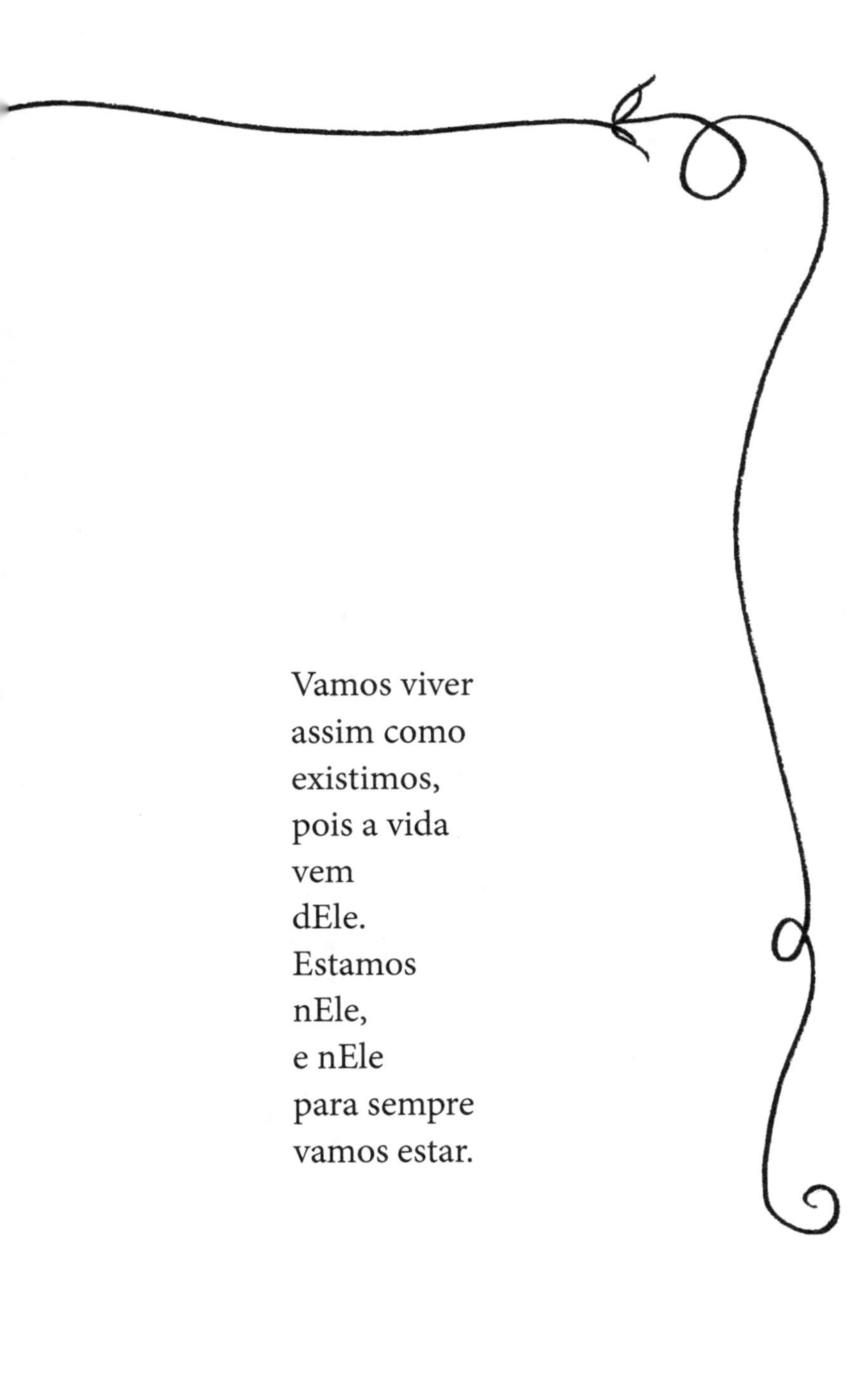

Vamos viver
assim como
existimos,
pois a vida
vem
dEle.
Estamos
nEle,
e nEle
para sempre
vamos estar.

Nunca
nascemos
e jamais
morreremos.
Eu estarei em você
e você estará em mim
para sempre.

Amiga minha,
sente-se
ao meu lado
e vamos nos lembrar
daquilo
que vivemos
quando éramos
Um.

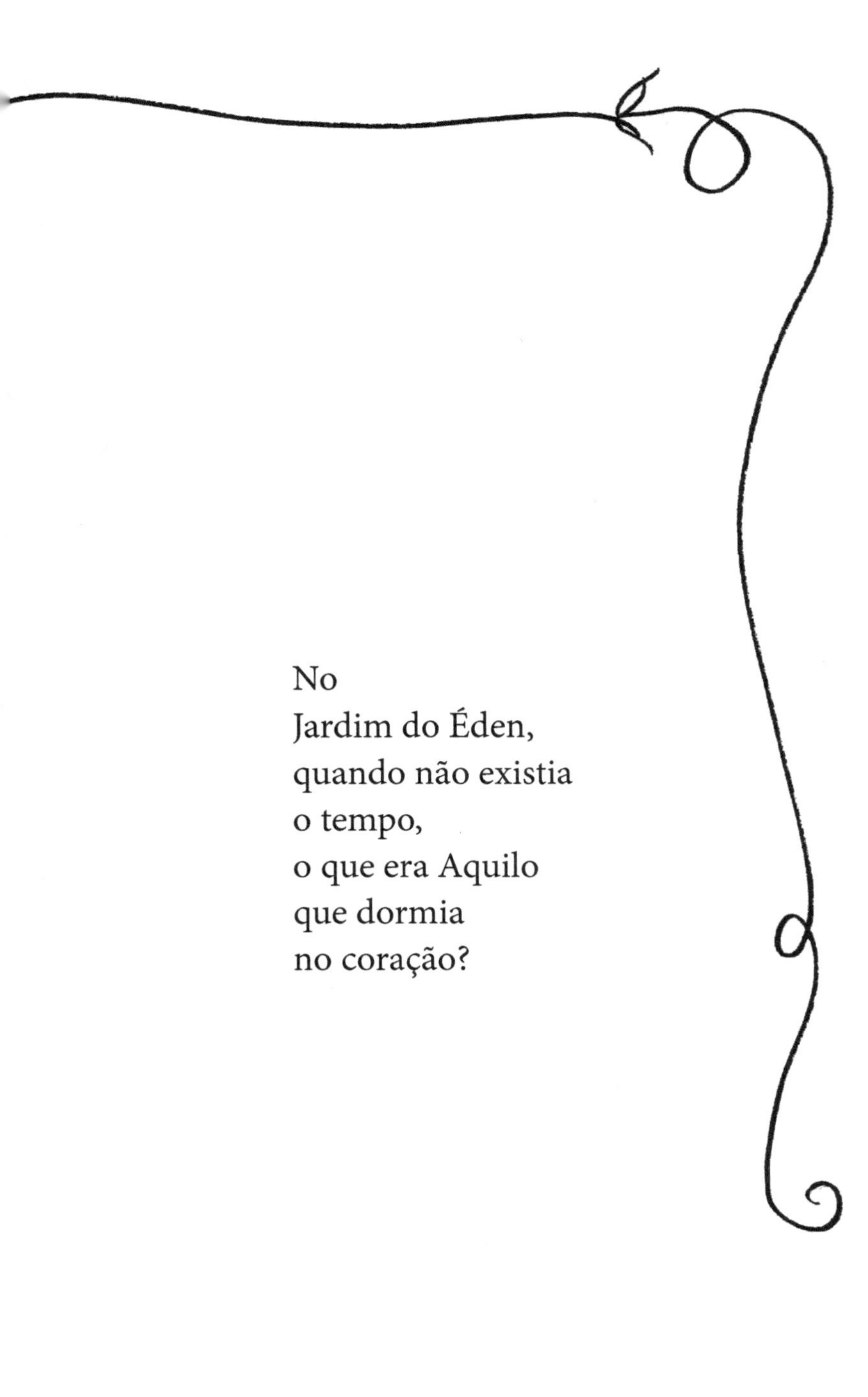

No
Jardim do Éden,
quando não existia
o tempo,
o que era Aquilo
que dormia
no coração?

*Devemos
despertá-lo,*
você me disse,
*pois ali
está
nosso passado.*

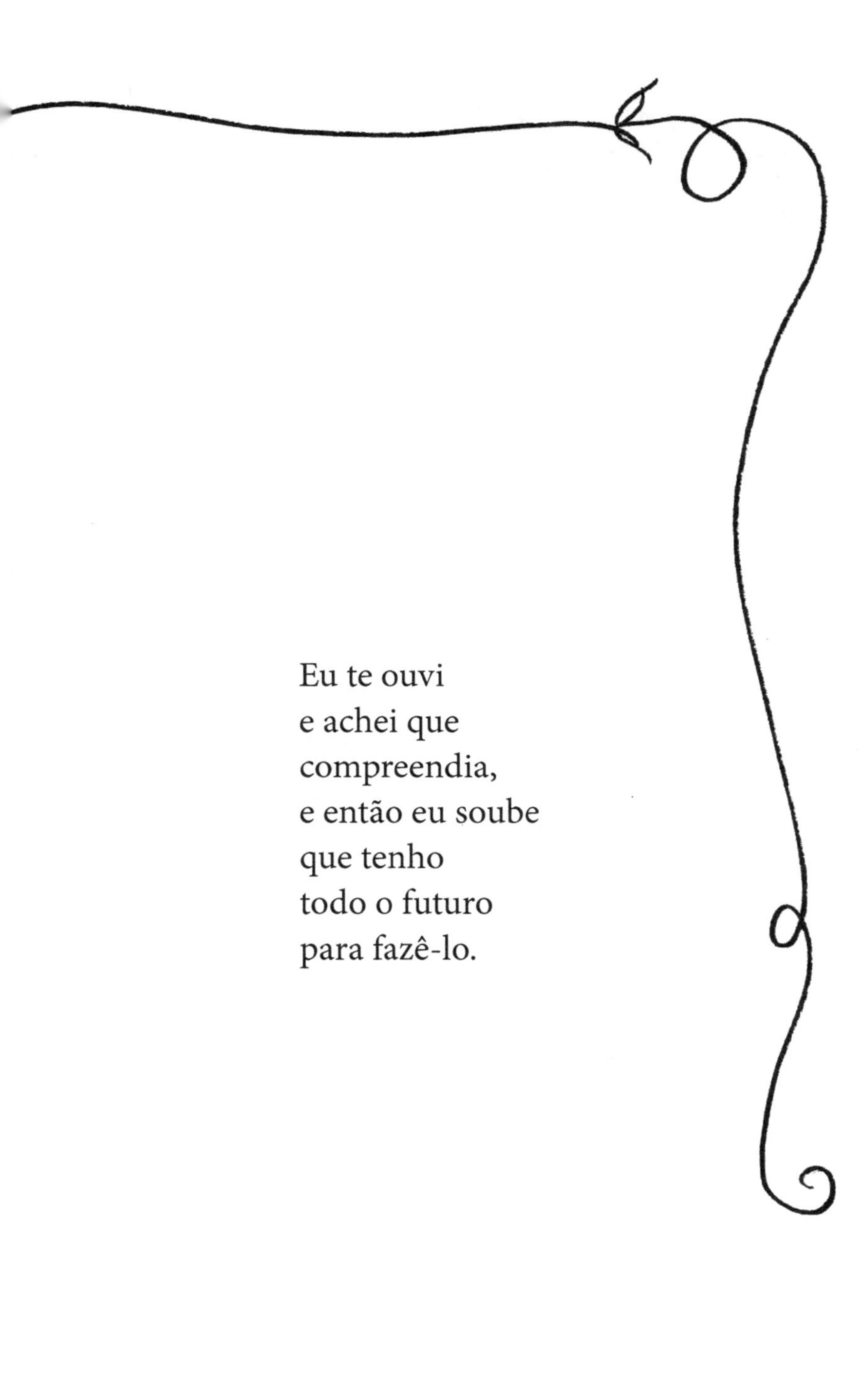

Eu te ouvi
e achei que
compreendia,
e então eu soube
que tenho
todo o futuro
para fazê-lo.

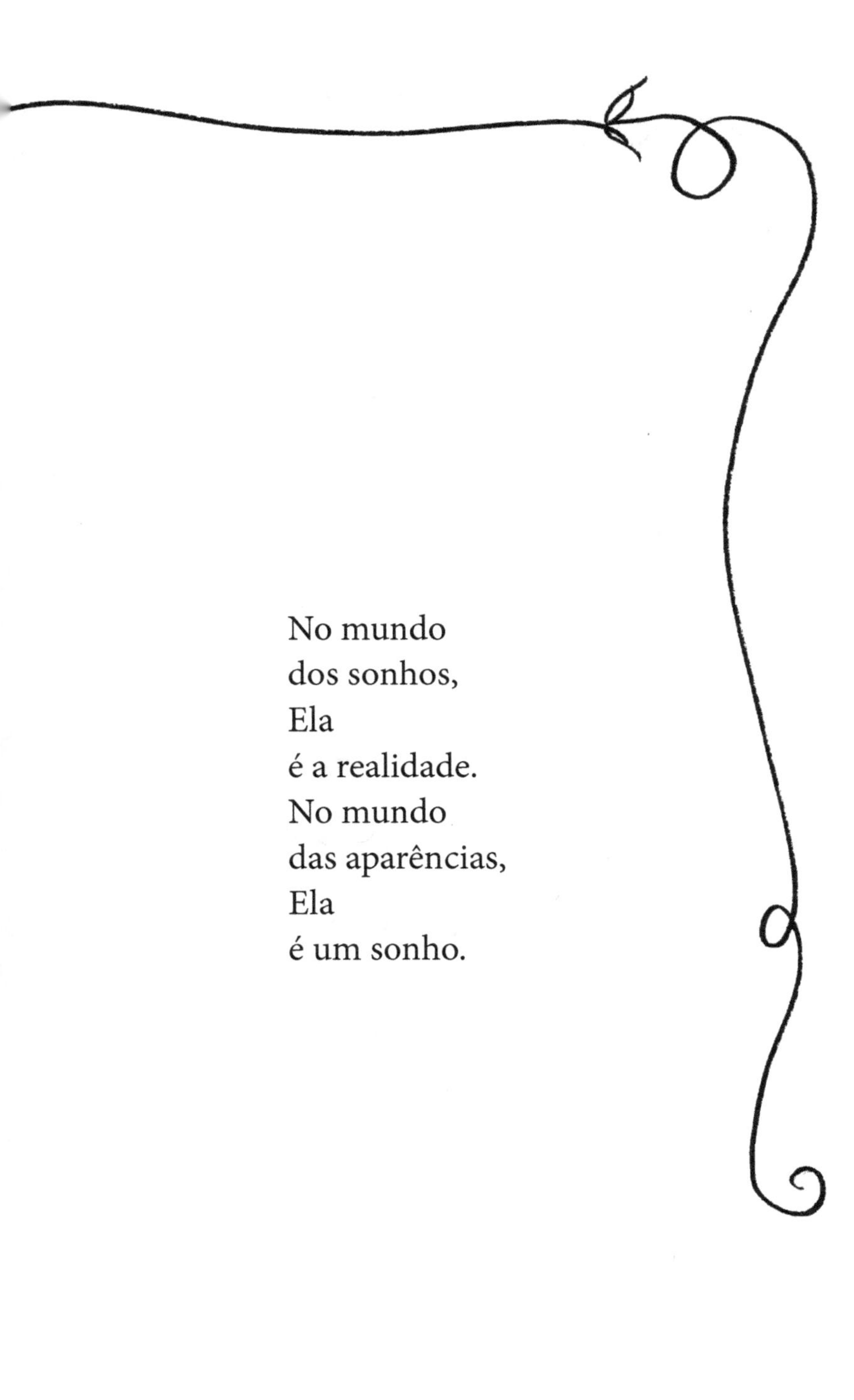

No mundo
dos sonhos,
Ela
é a realidade.
No mundo
das aparências,
Ela
é um sonho.

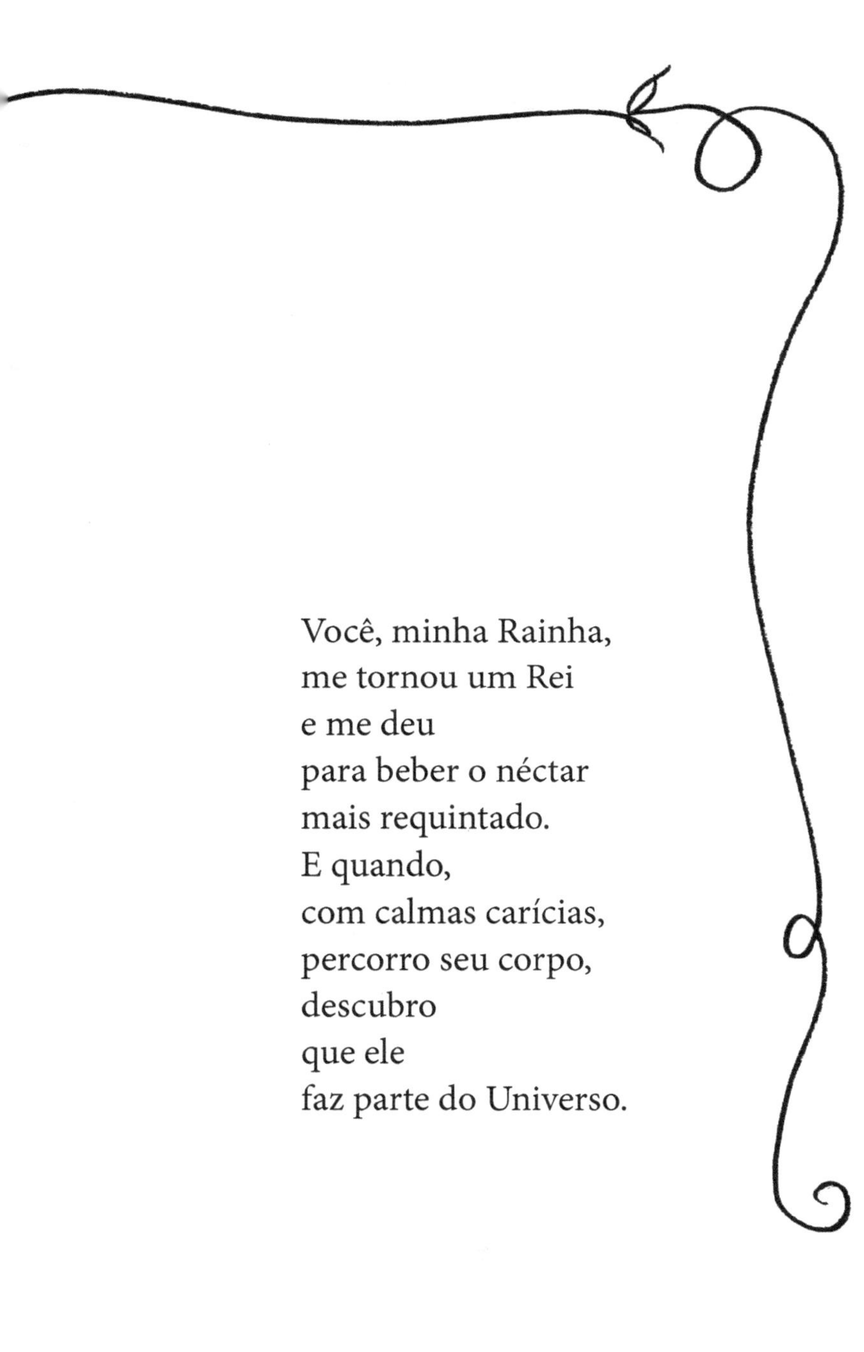

Você, minha Rainha,
me tornou um Rei
e me deu
para beber o néctar
mais requintado.
E quando,
com calmas carícias,
percorro seu corpo,
descubro
que ele
faz parte do Universo.

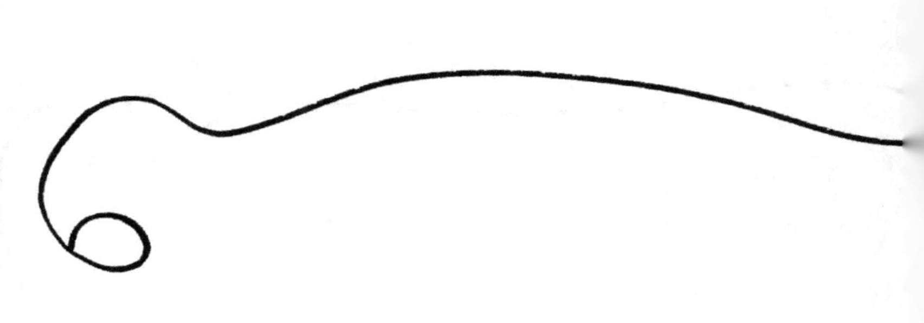

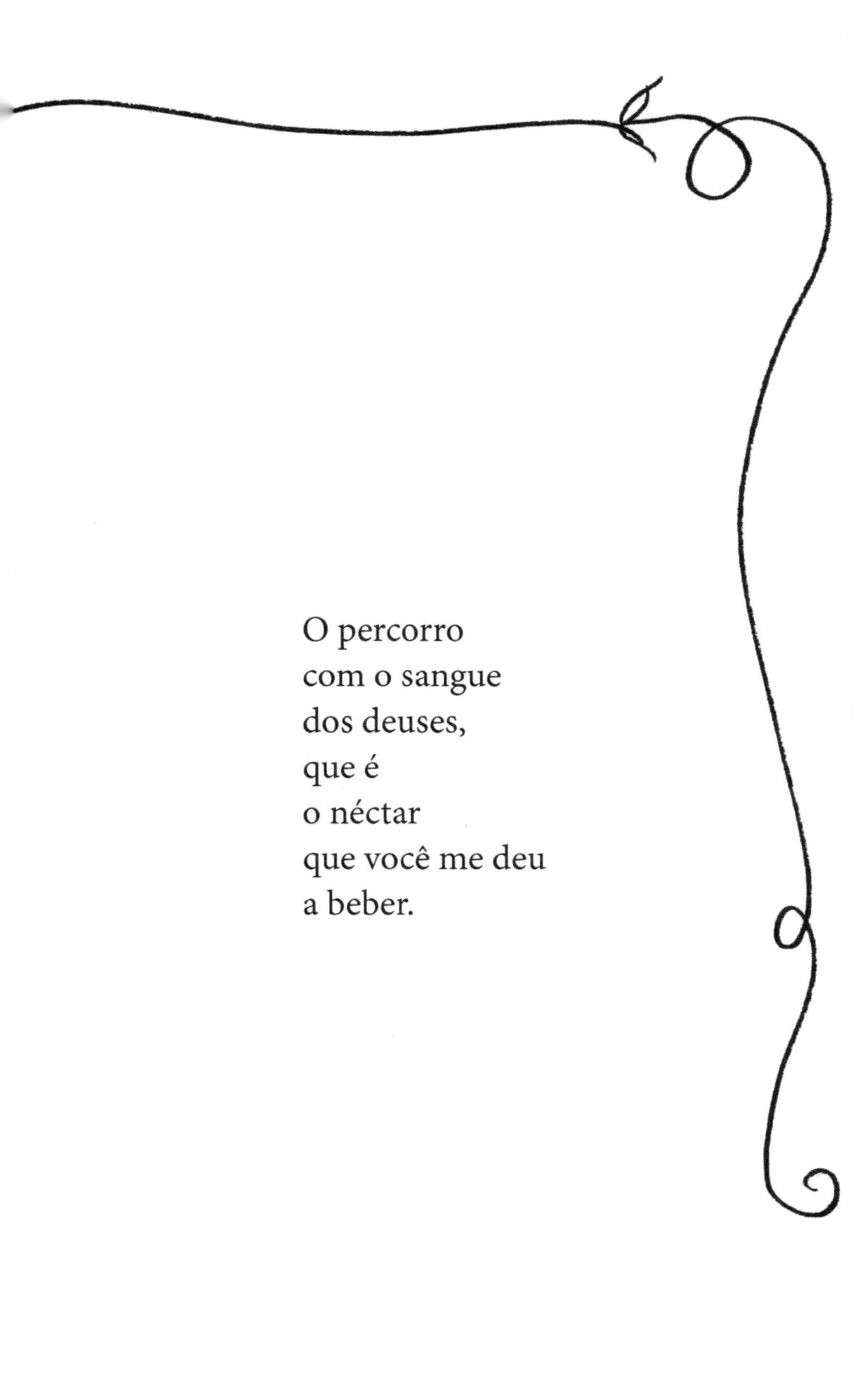

O percorro
com o sangue
dos deuses,
que é
o néctar
que você me deu
a beber.

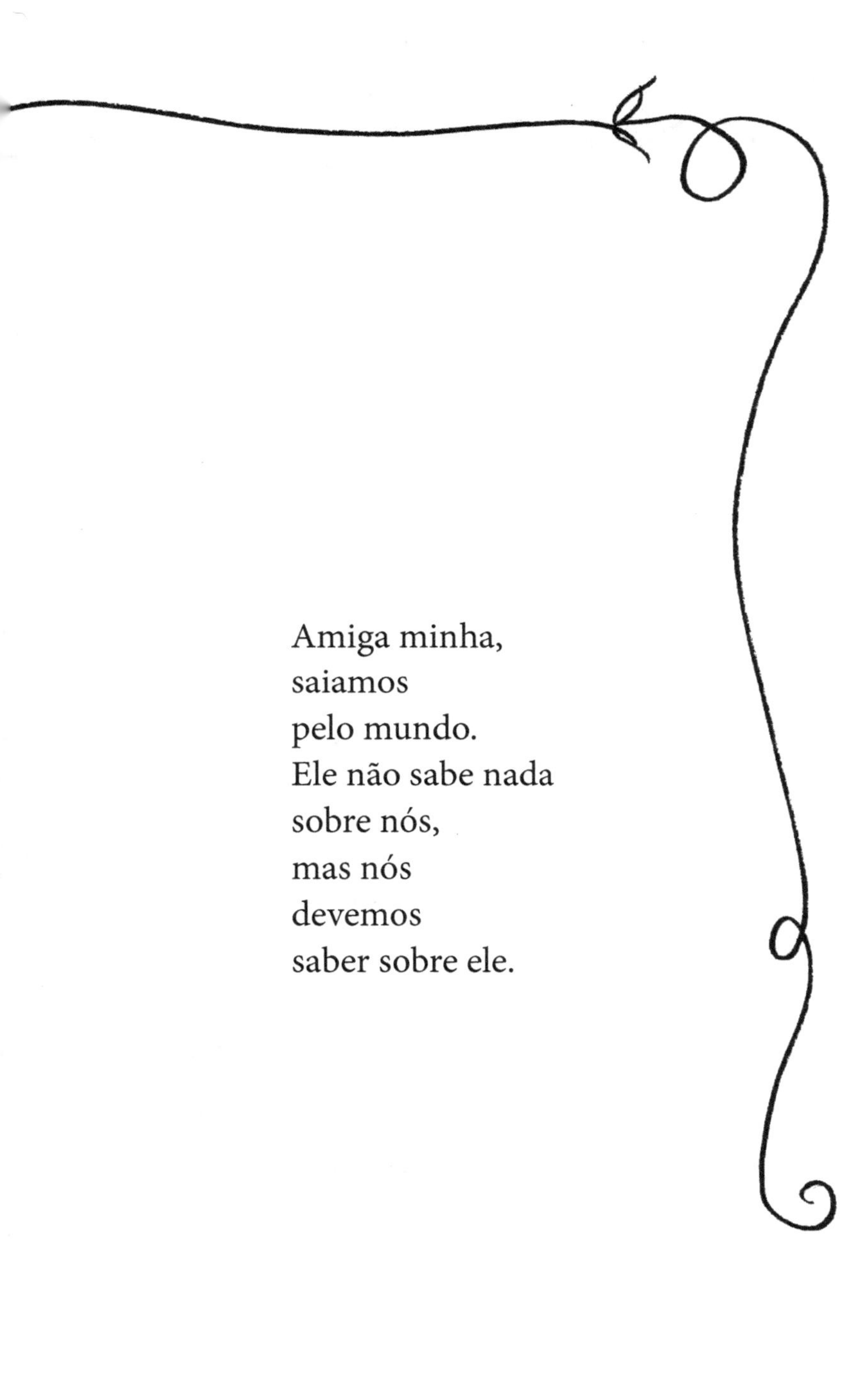

Amiga minha,
saiamos
pelo mundo.
Ele não sabe nada
sobre nós,
mas nós
devemos
saber sobre ele.

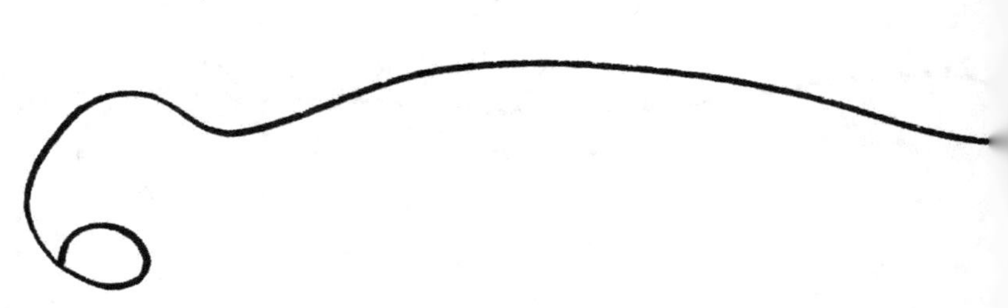
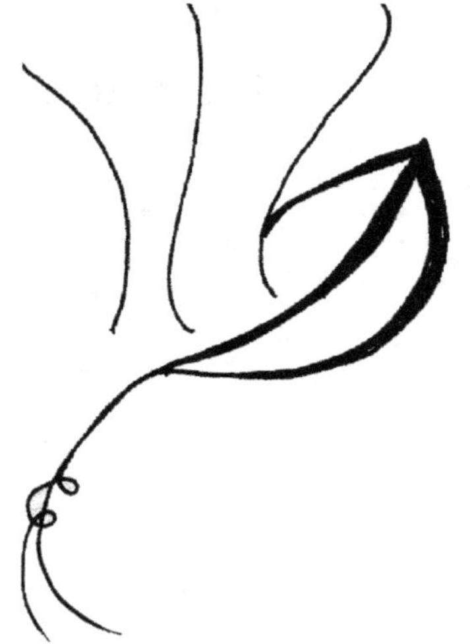

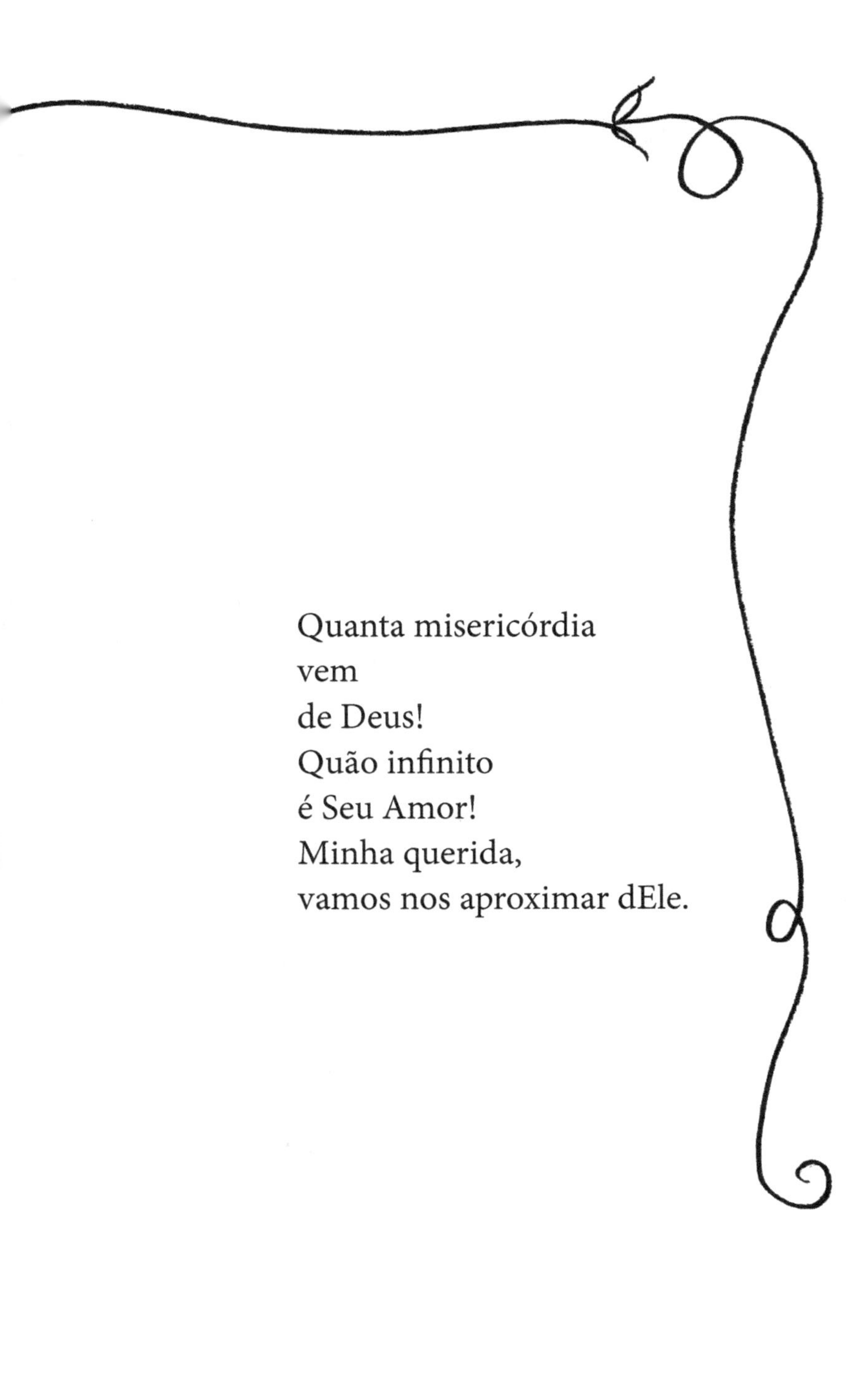

Quanta misericórdia
vem
de Deus!
Quão infinito
é Seu Amor!
Minha querida,
vamos nos aproximar dEle.

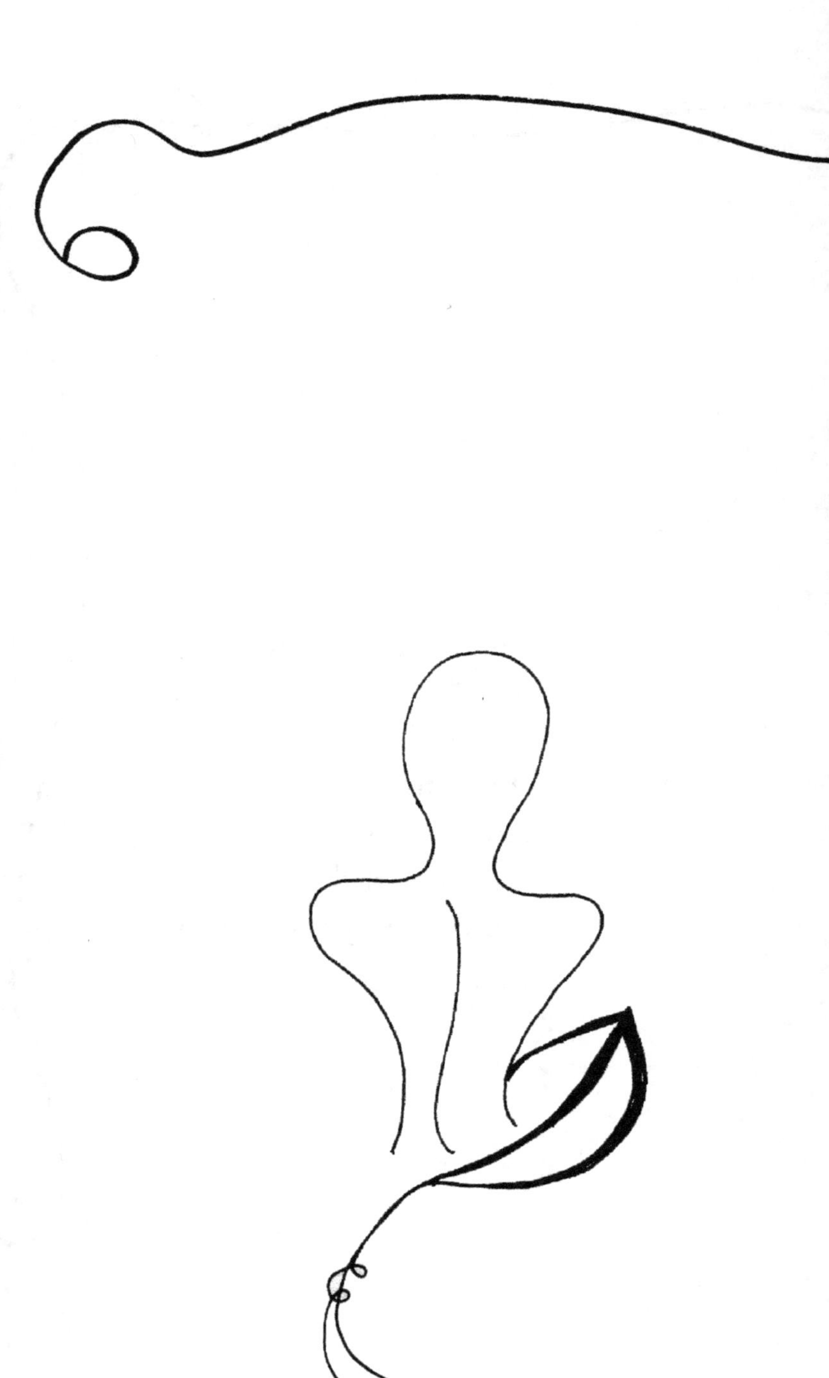

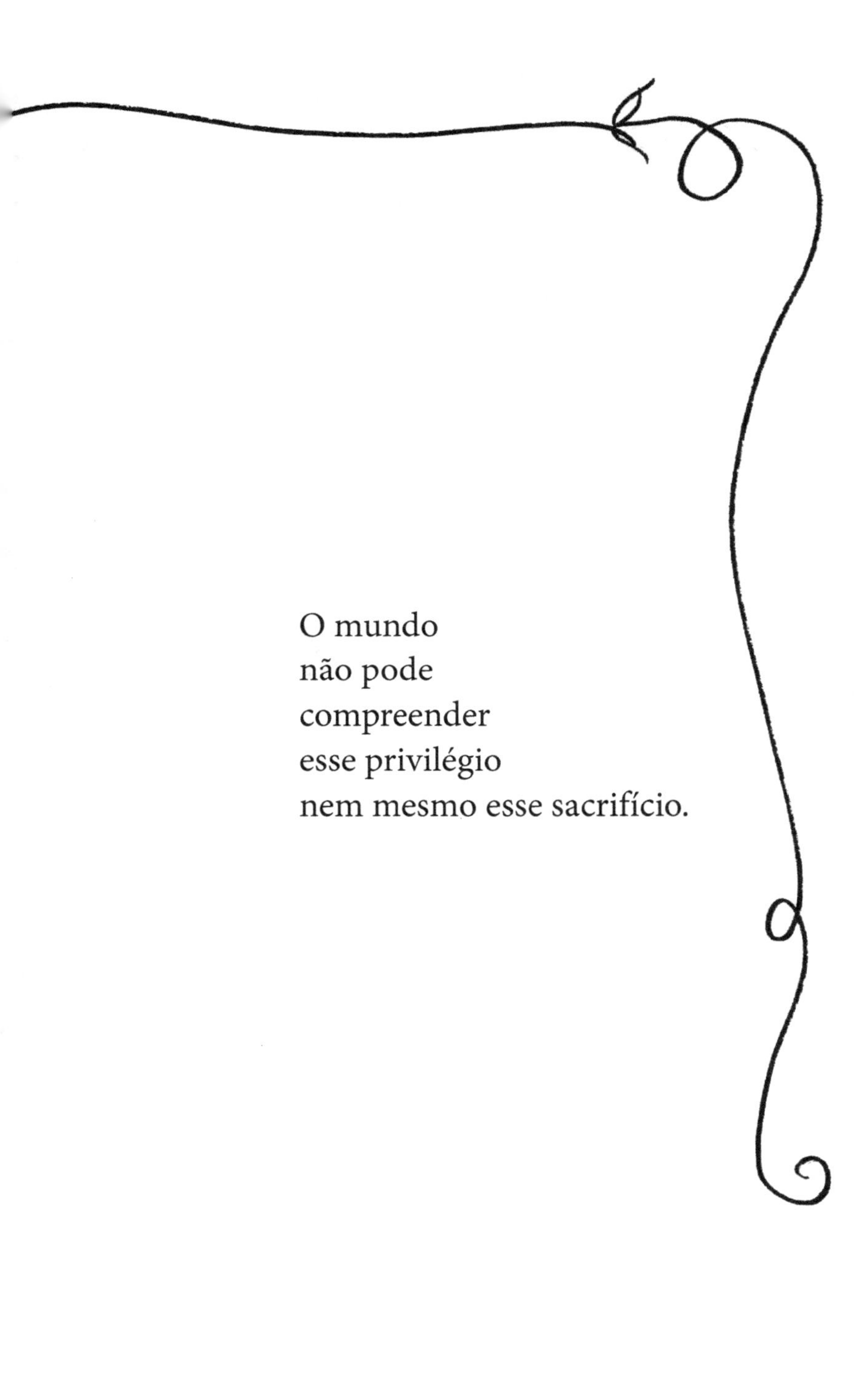

O mundo
não pode
compreender
esse privilégio
nem mesmo esse sacrifício.

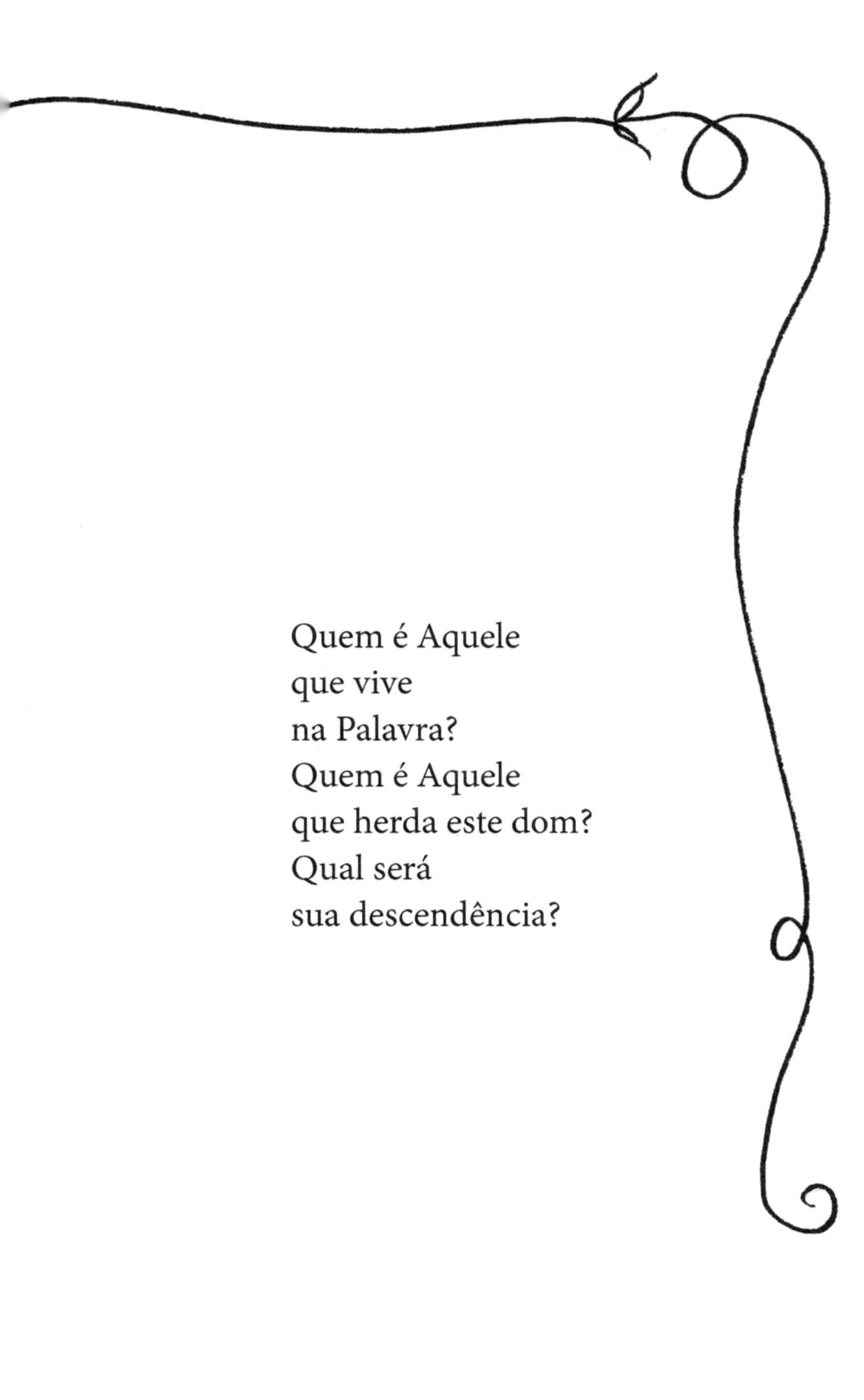

Quem é Aquele
que vive
na Palavra?
Quem é Aquele
que herda este dom?
Qual será
sua descendência?

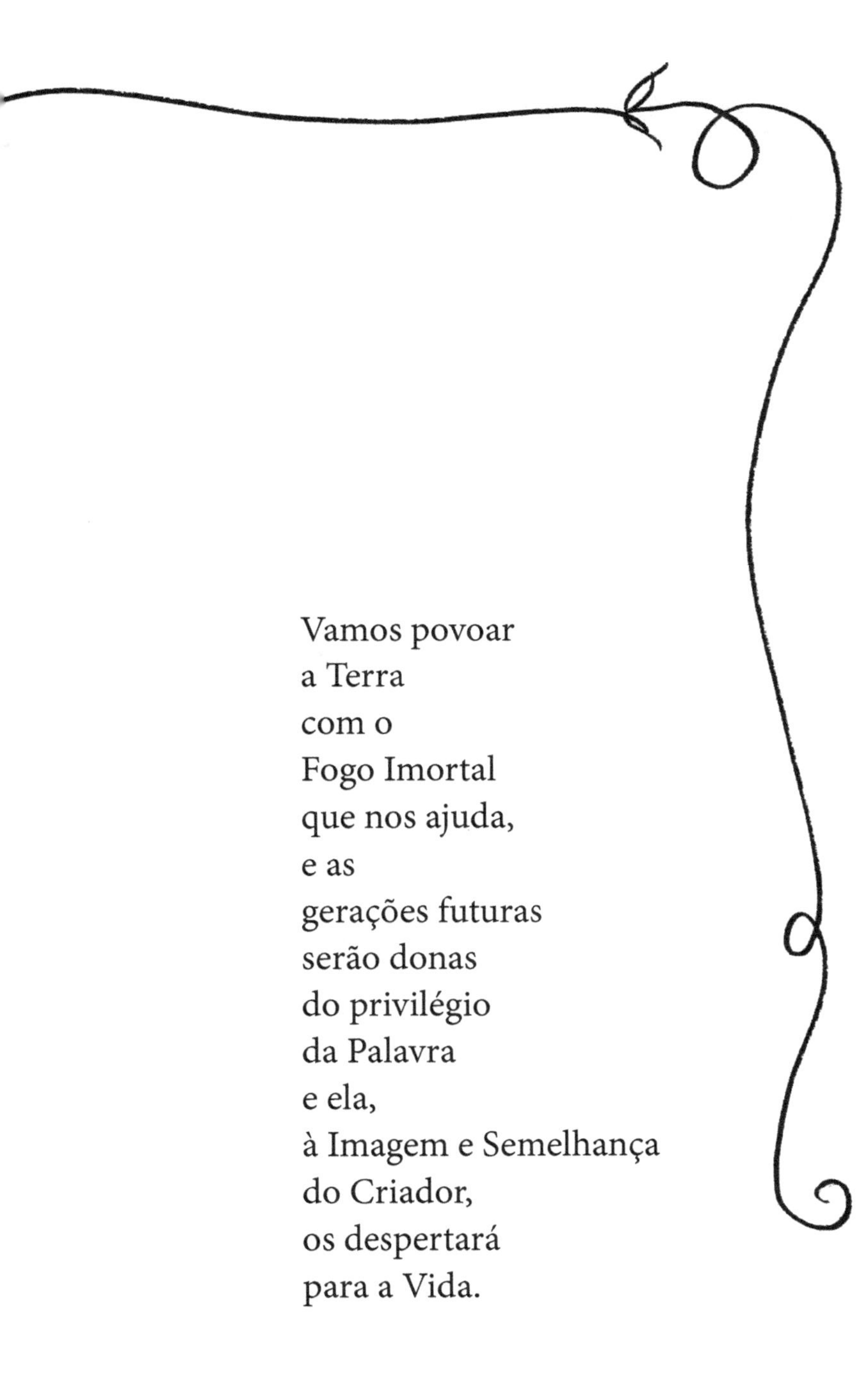

Vamos povoar
a Terra
com o
Fogo Imortal
que nos ajuda,
e as
gerações futuras
serão donas
do privilégio
da Palavra
e ela,
à Imagem e Semelhança
do Criador,
os despertará
para a Vida.

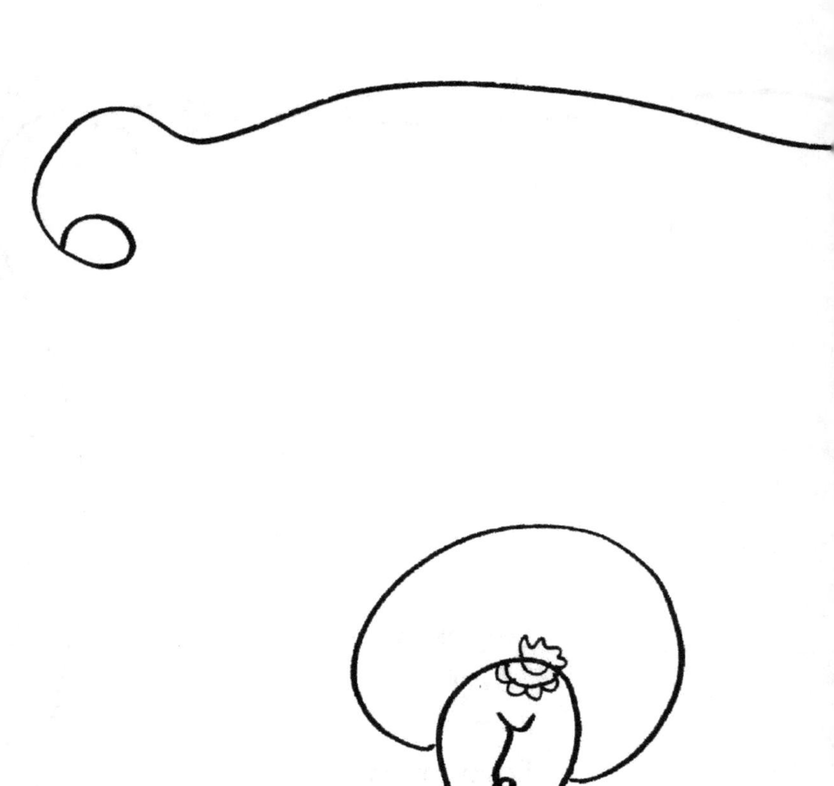

É a obra
de Deus,
e nossa missão,
povoar a terra
com uma raça
de Seres Imortais.

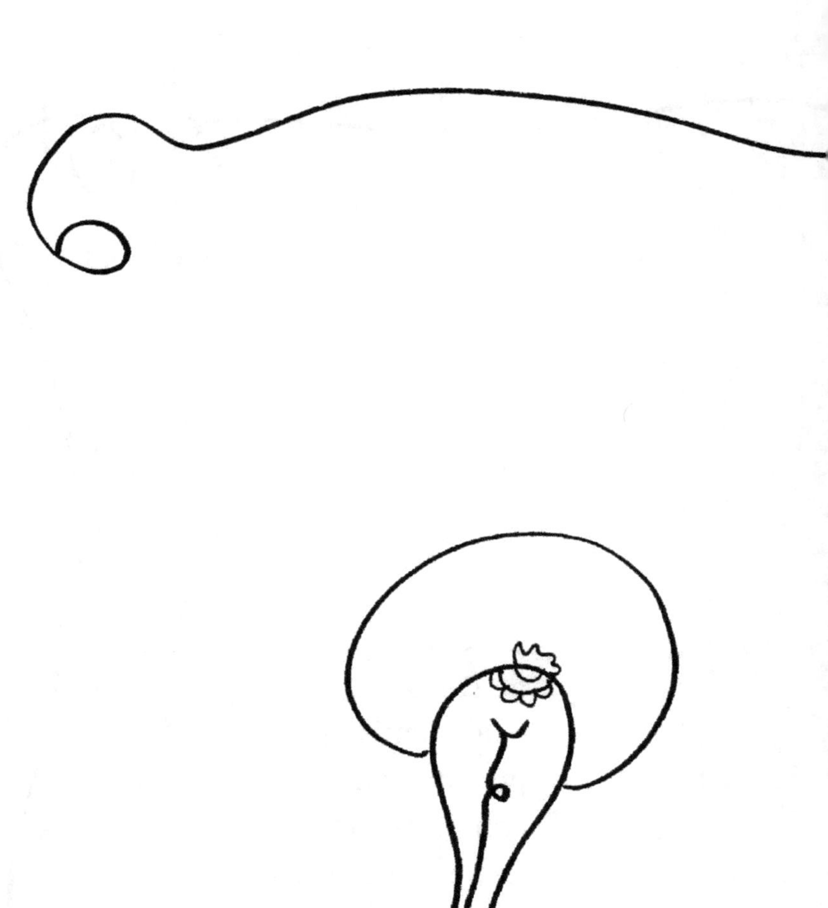

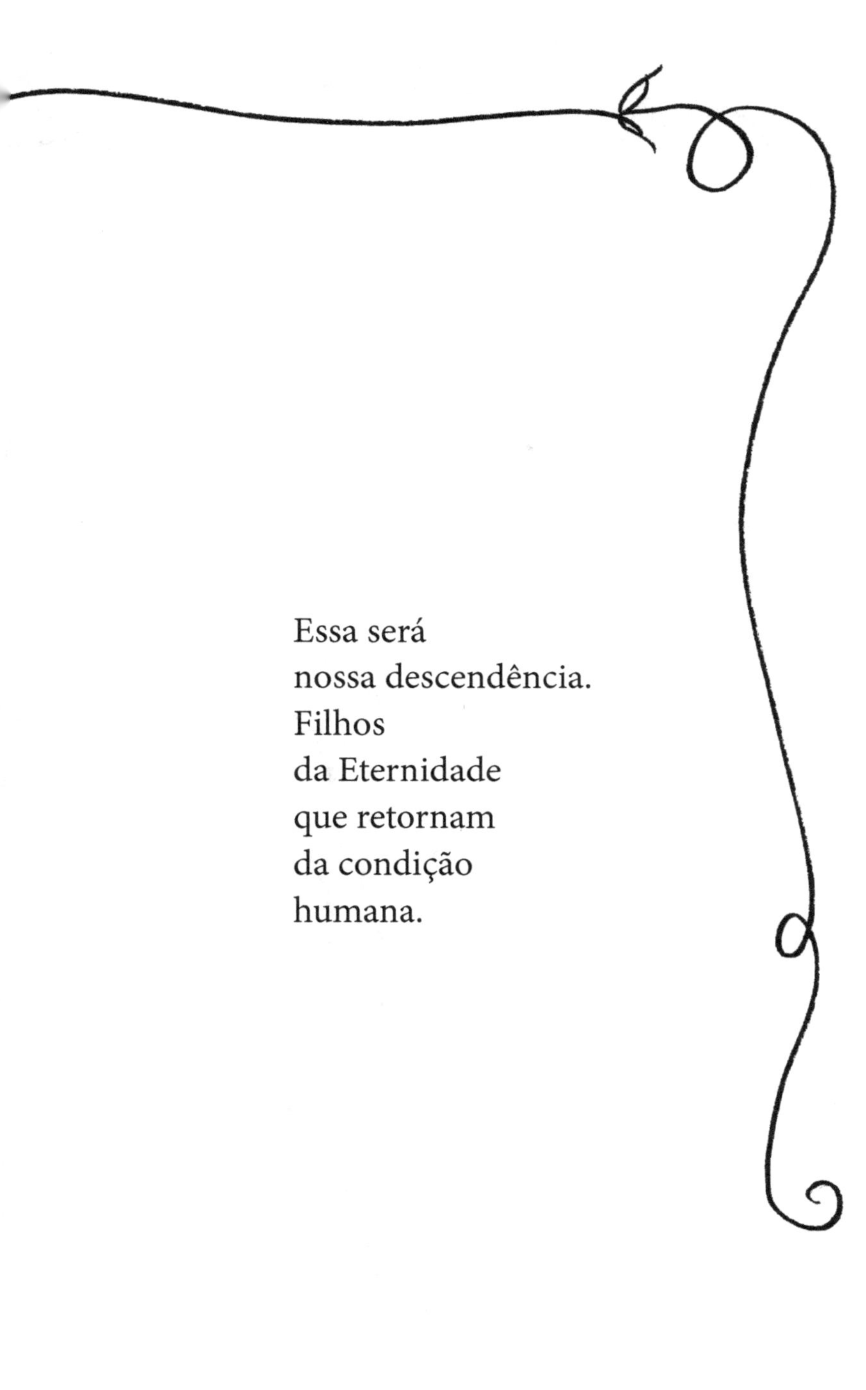

Essa será
nossa descendência.
Filhos
da Eternidade
que retornam
da condição
humana.

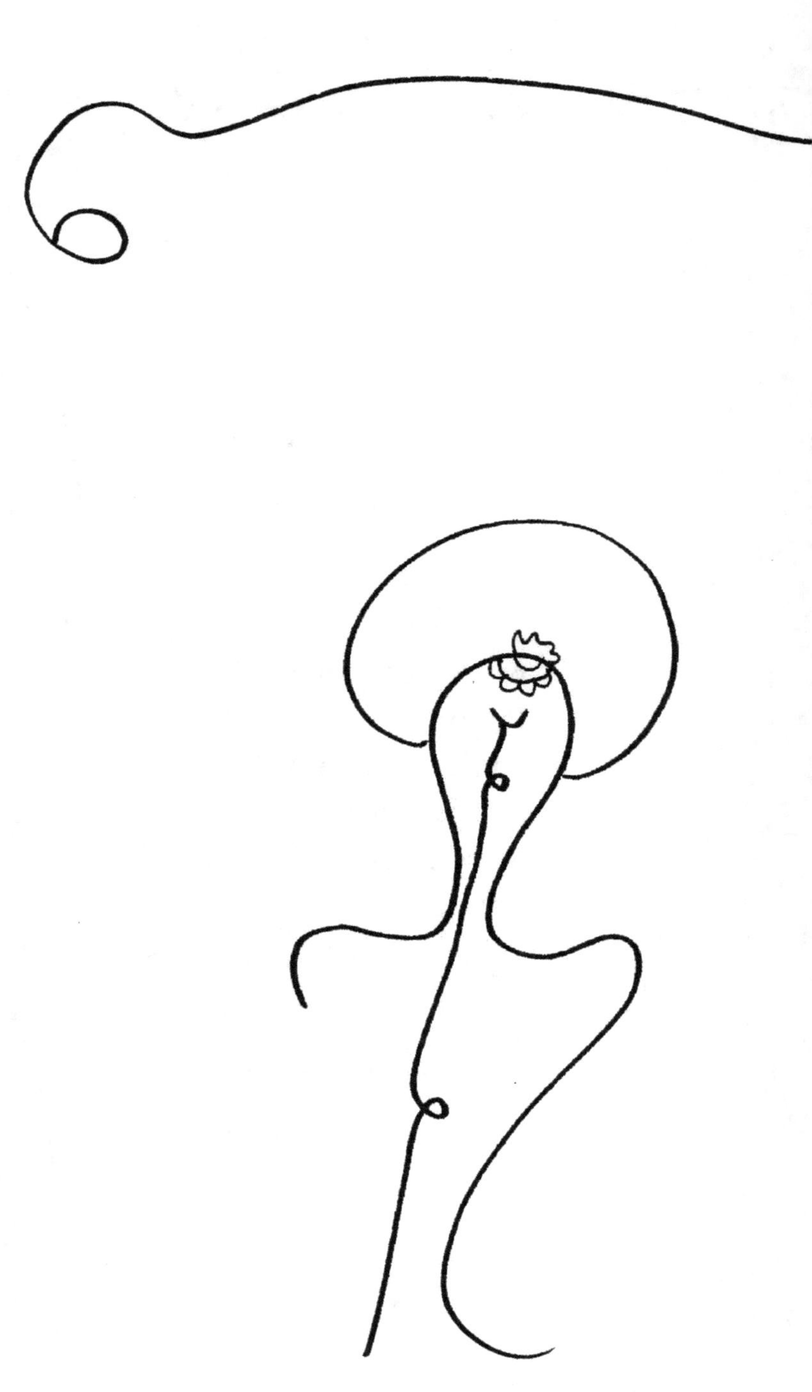

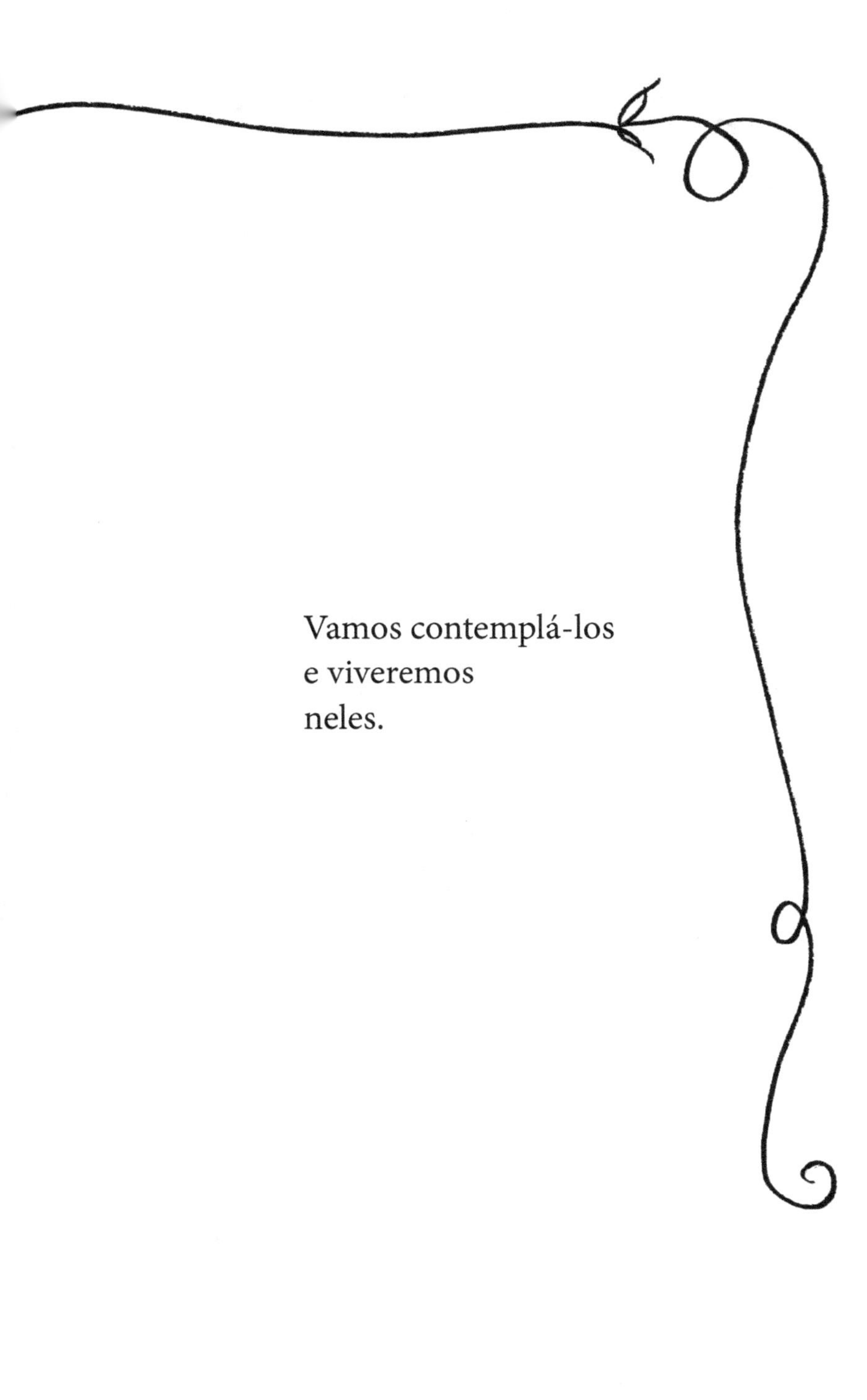

Vamos contemplá-los
e viveremos
neles.

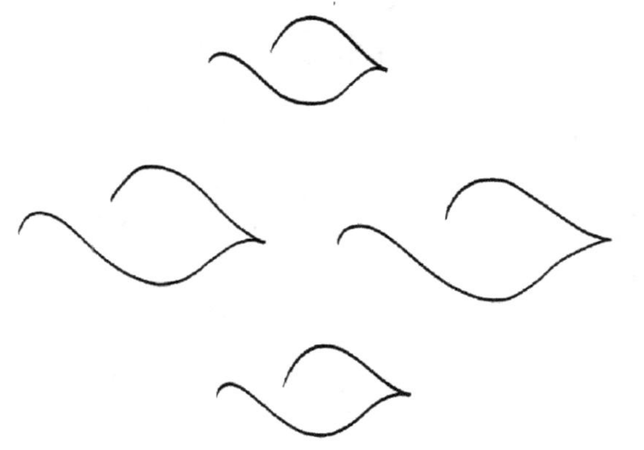

E eles
estarão presentes
em nós
até o fim
dos tempos.

Amiga minha,
o que é Aquilo
que se observa
no futuro?

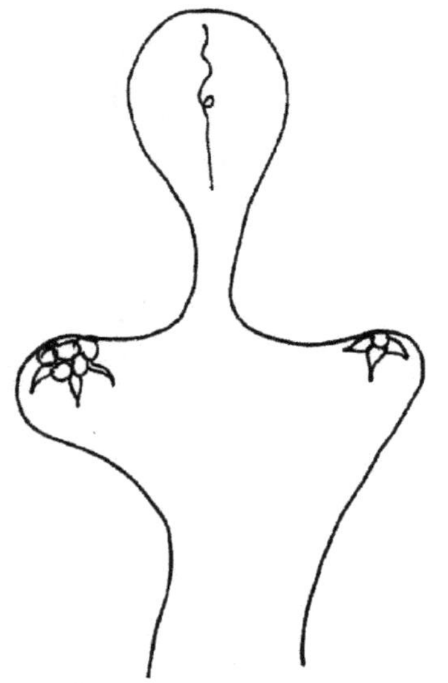

É
você mesmo,
me respondeu.
É você,
algum tempo depois.

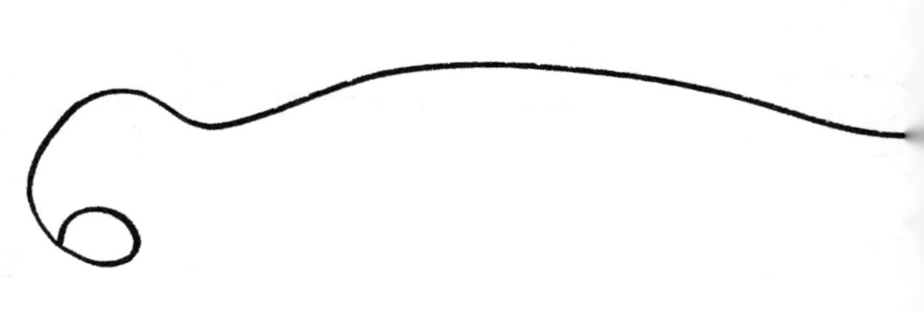
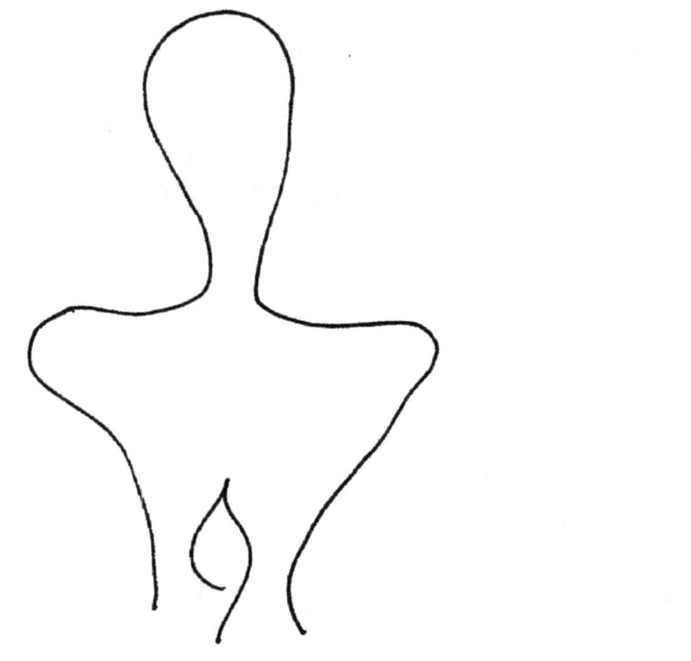

Por que
estou
mais jovem?

Servir
à Criação
do nosso
Deus
te tornou
eternamente jovem.

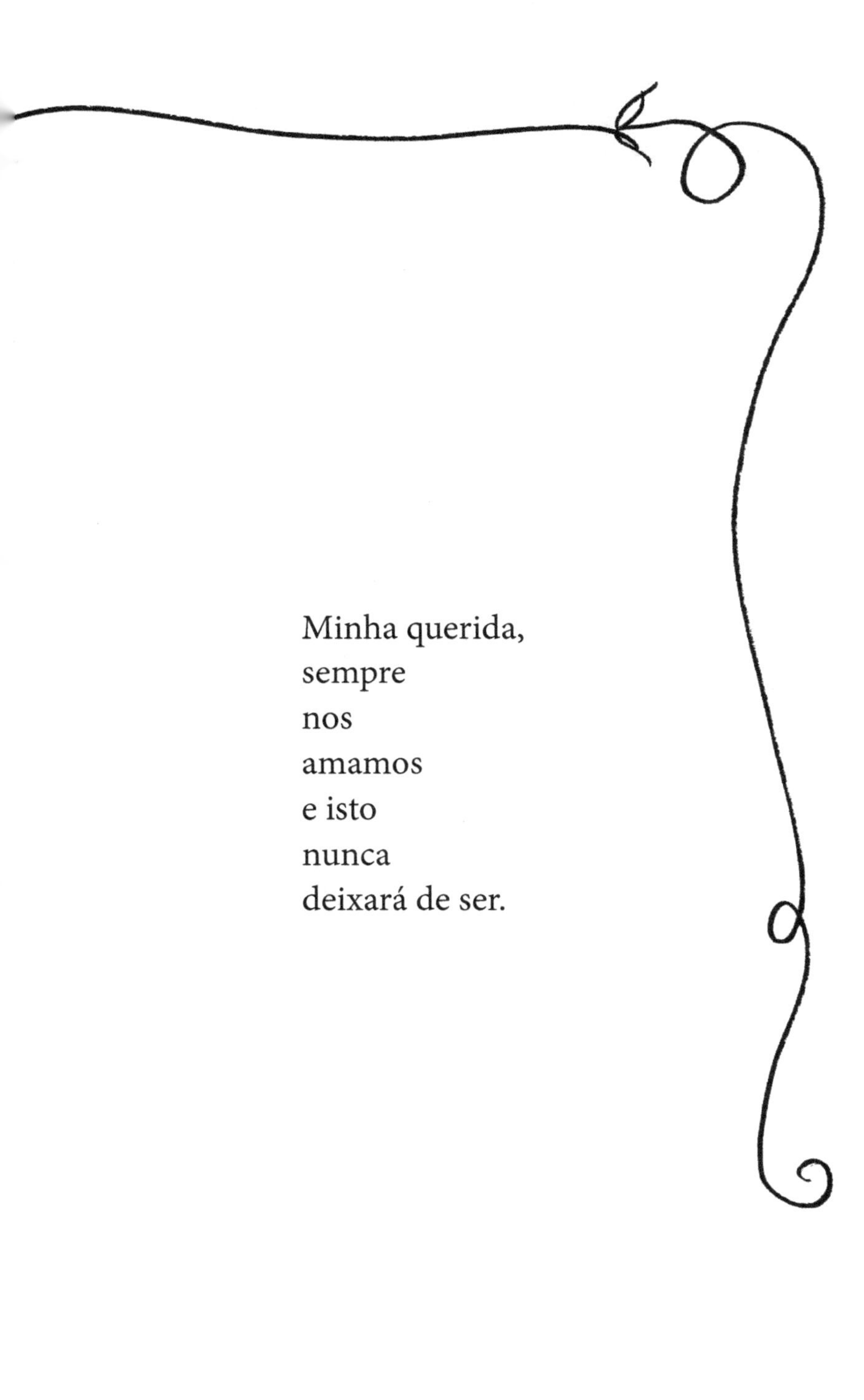

Minha querida,
sempre
nos
amamos
e isto
nunca
deixará de ser.

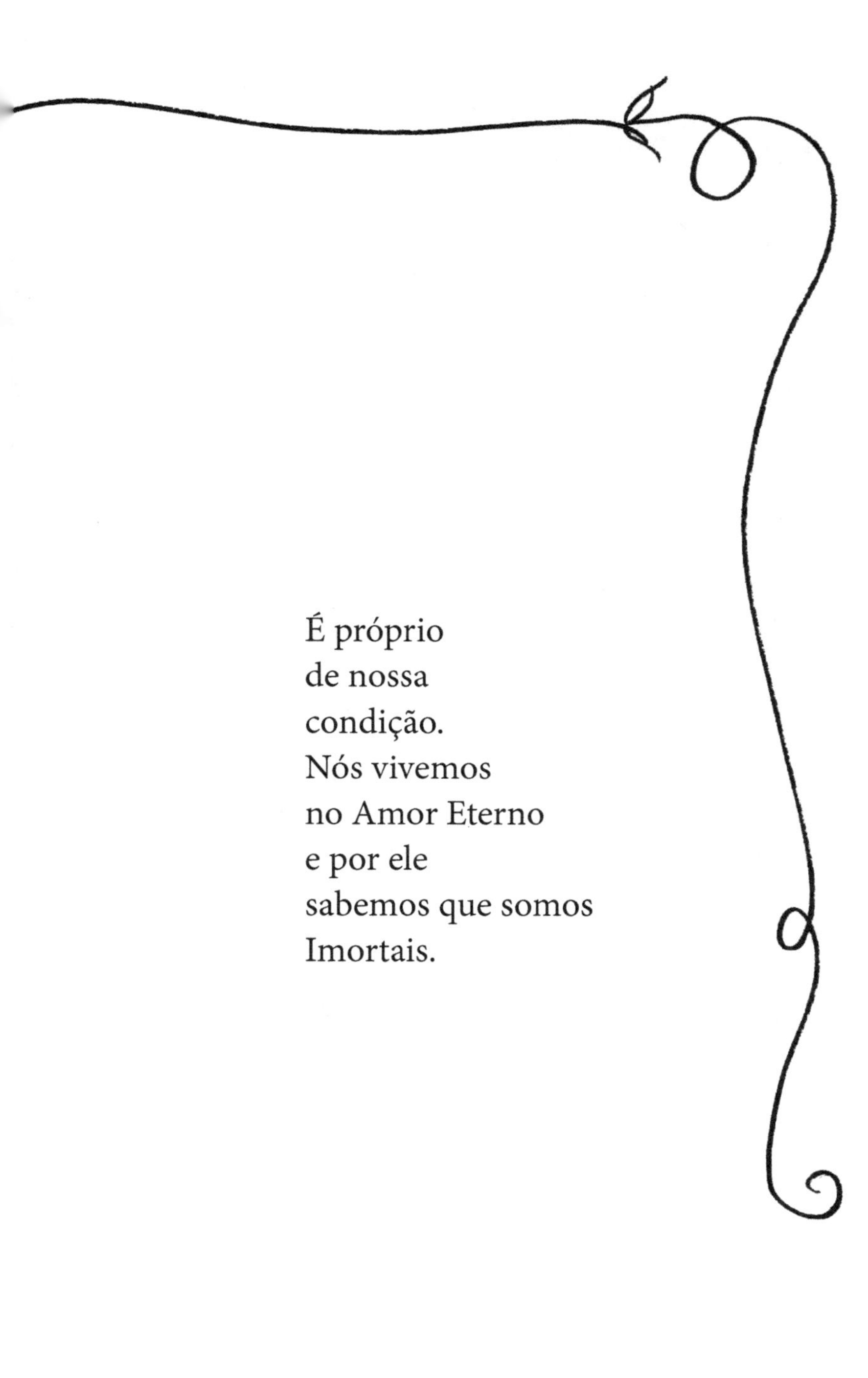

É próprio
de nossa
condição.
Nós vivemos
no Amor Eterno
e por ele
sabemos que somos
Imortais.

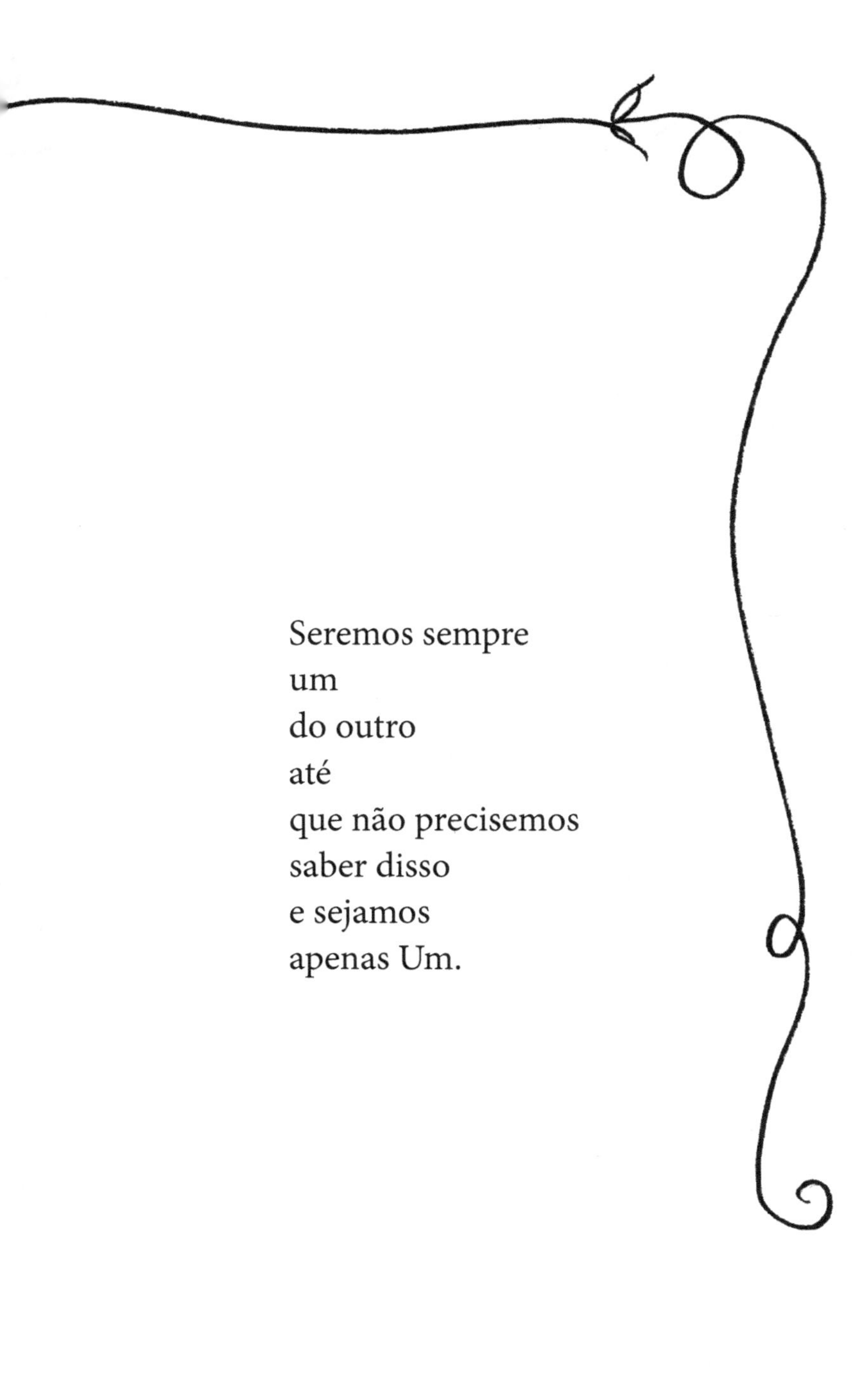

Seremos sempre
um
do outro
até
que não precisemos
saber disso
e sejamos
apenas Um.

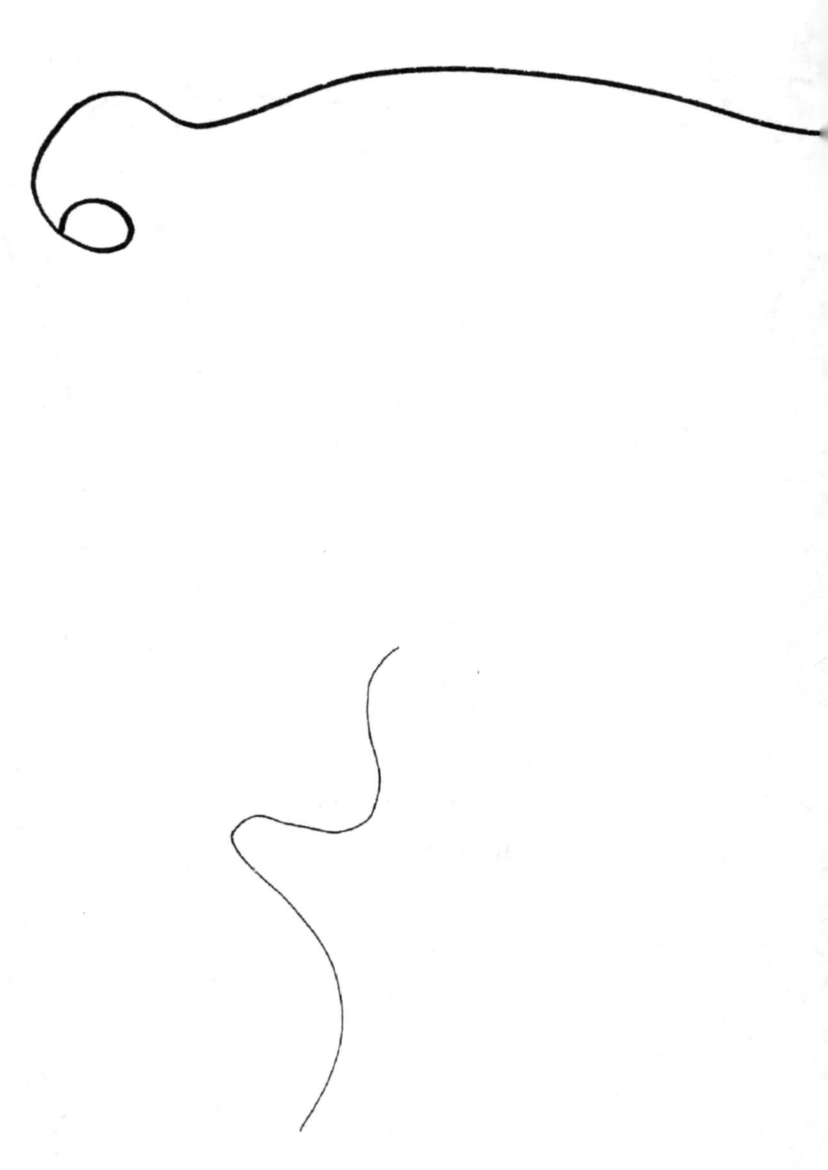

Minha querida,
vivo em você
e em você
me glorifico.
E em nome
desse
Amor,
agradeço
ao Altíssimo
por ter nos
reunido.

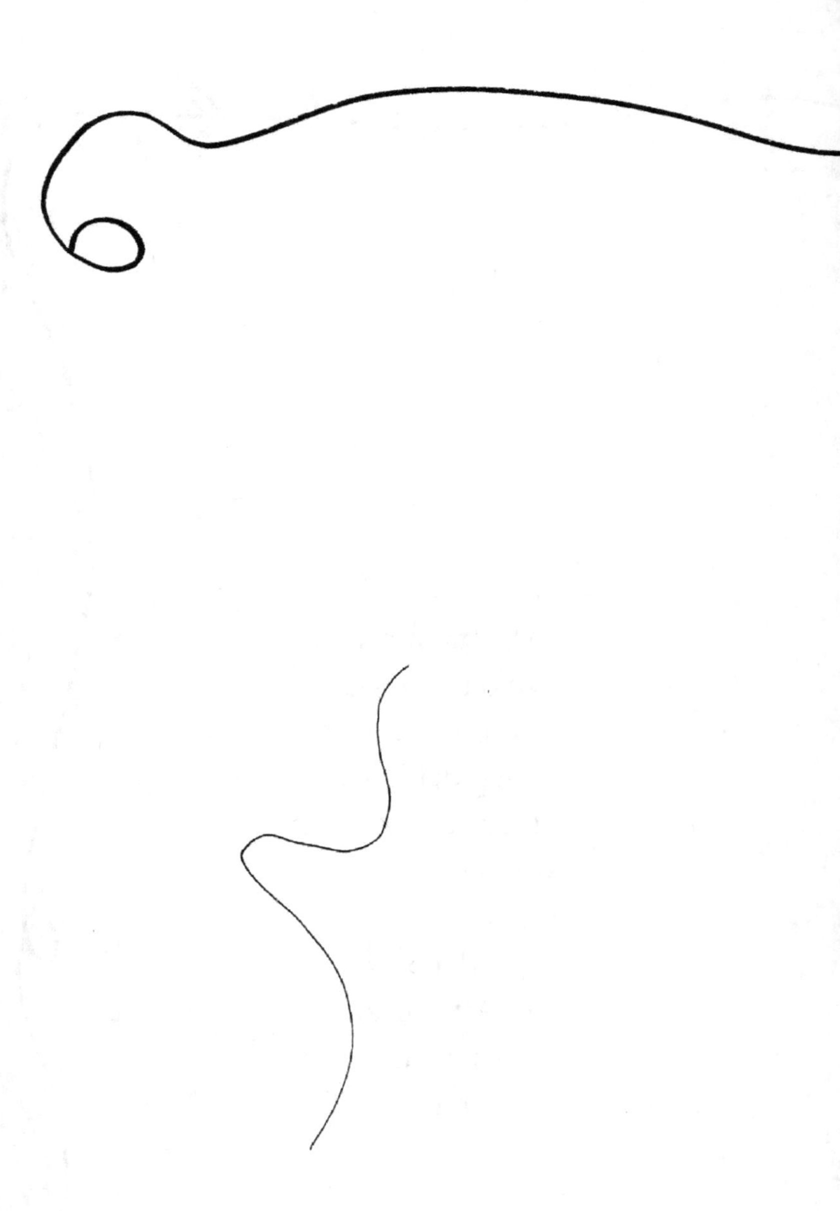

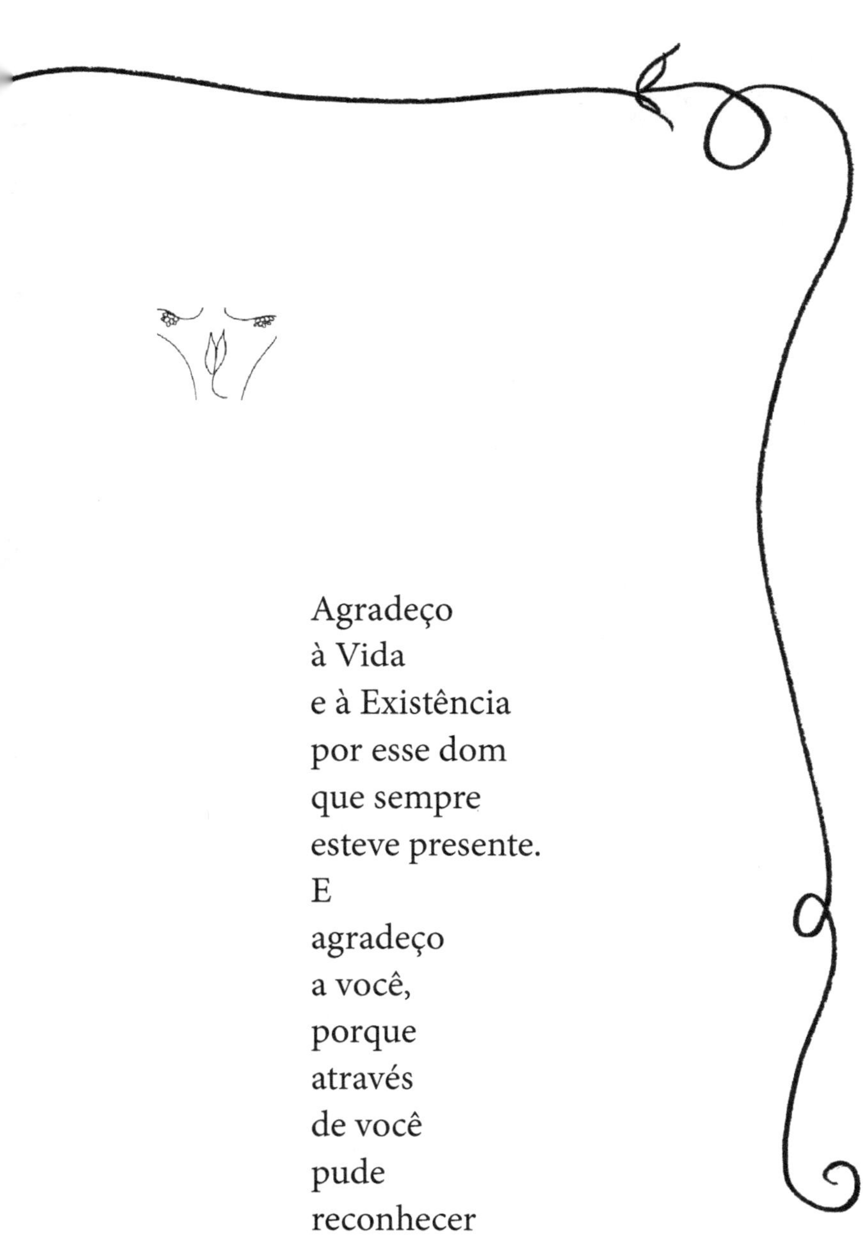

Agradeço
à Vida
e à Existência
por esse dom
que sempre
esteve presente.
E
agradeço
a você,
porque
através
de você
pude
reconhecer
a Deus.

Logo,
você me apontou
o Universo
e me disse
quem é Aquele
que desce
vestido como um Rei.

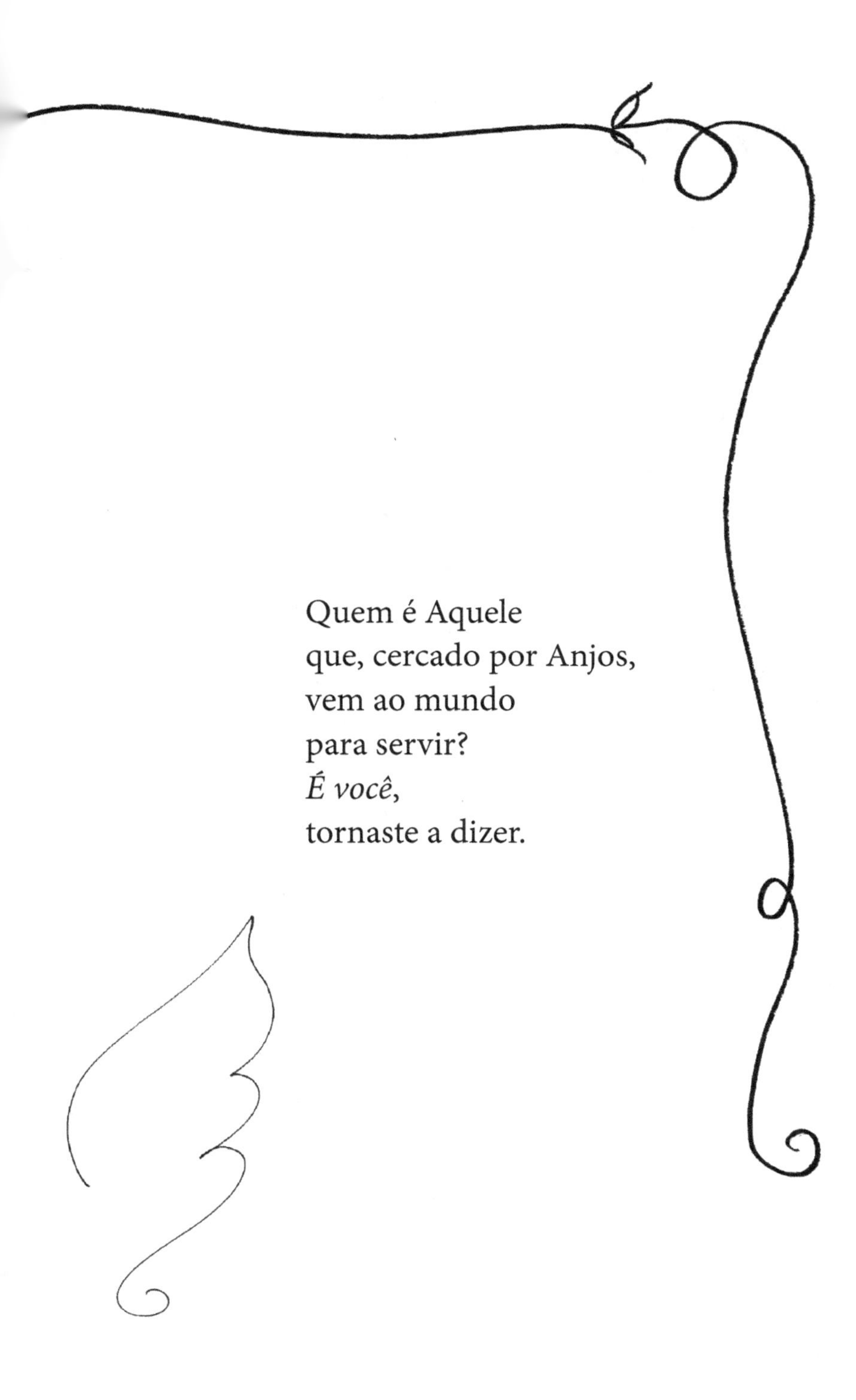

Quem é Aquele
que, cercado por Anjos,
vem ao mundo
para servir?
É você,
tornaste a dizer.

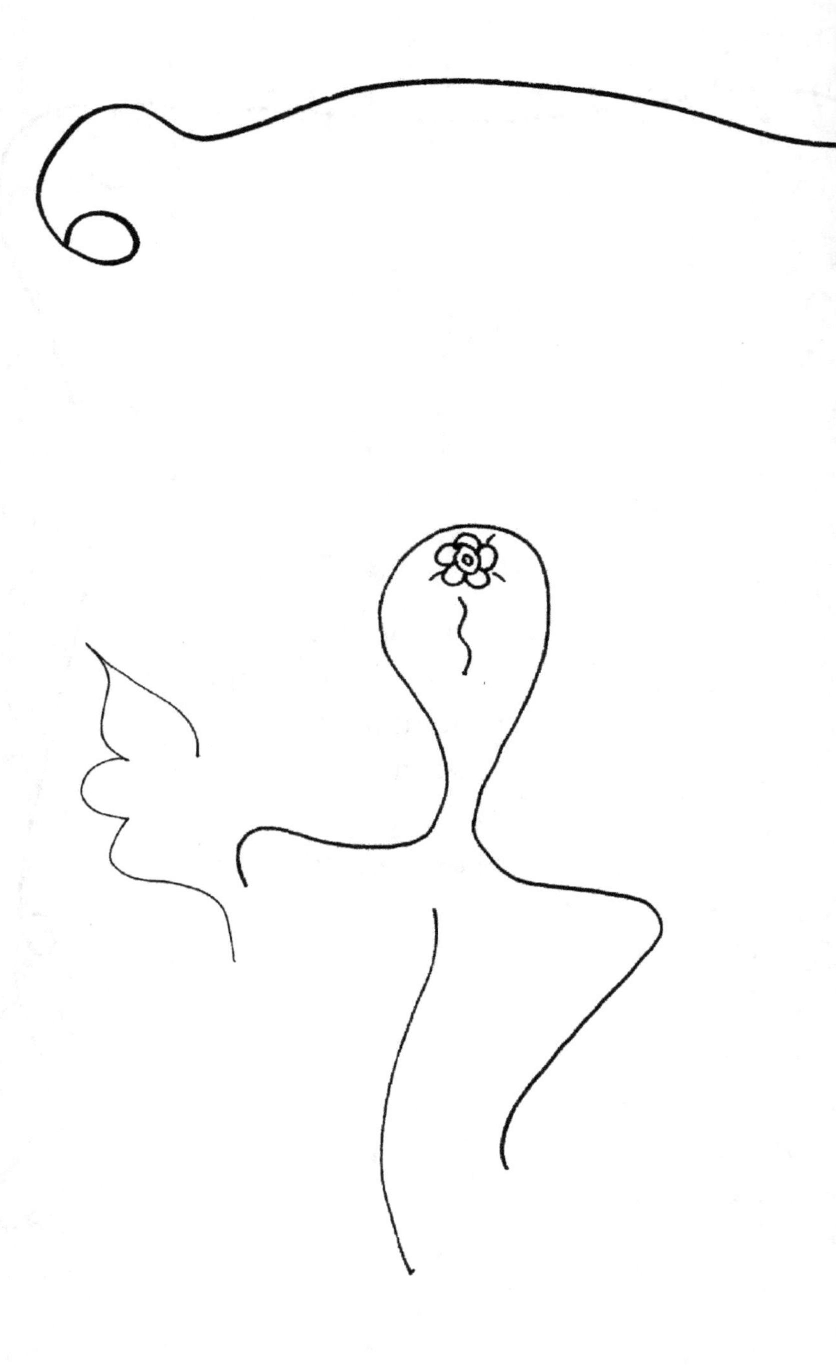

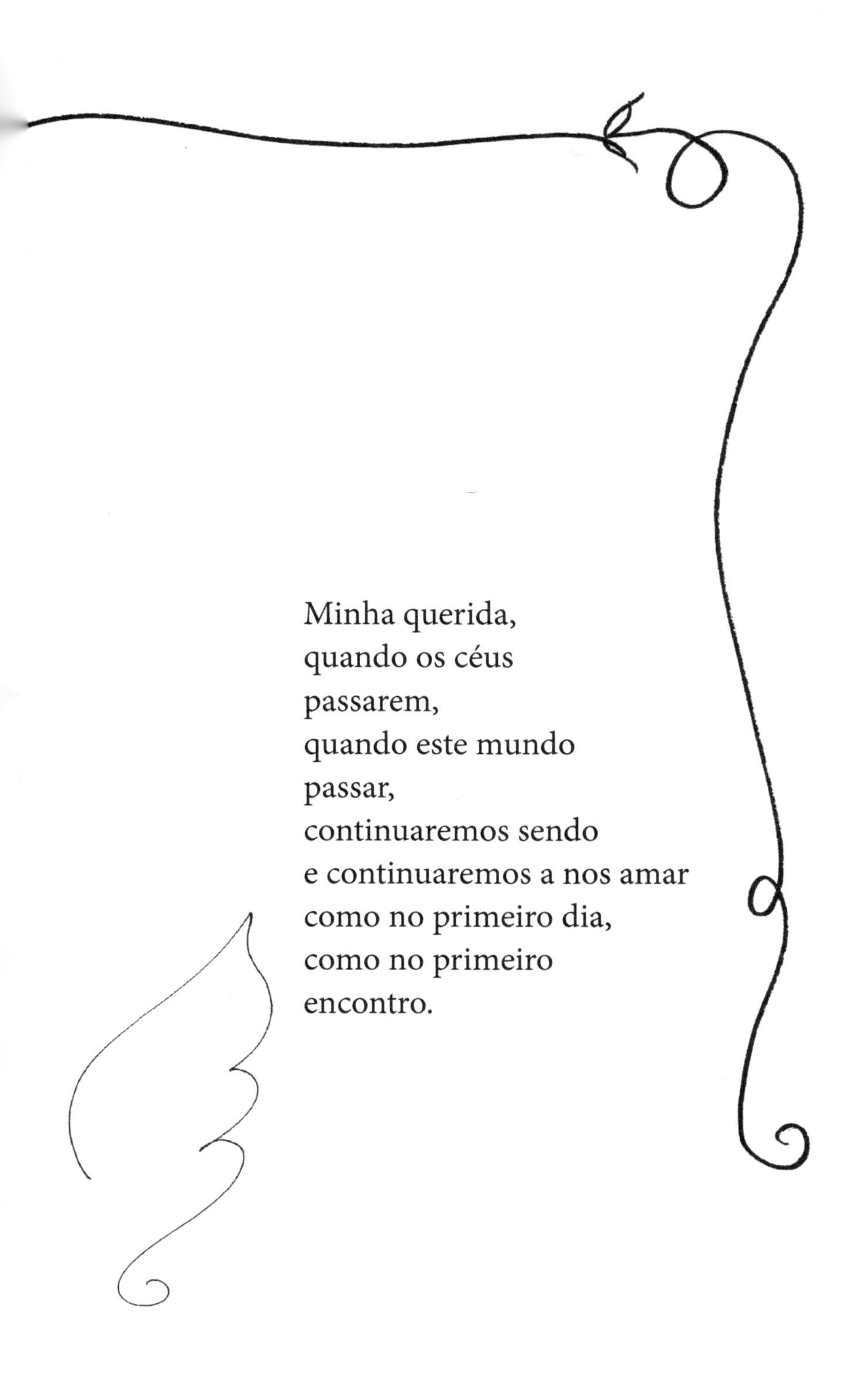

Minha querida,
quando os céus
passarem,
quando este mundo
passar,
continuaremos sendo
e continuaremos a nos amar
como no primeiro dia,
como no primeiro
encontro.

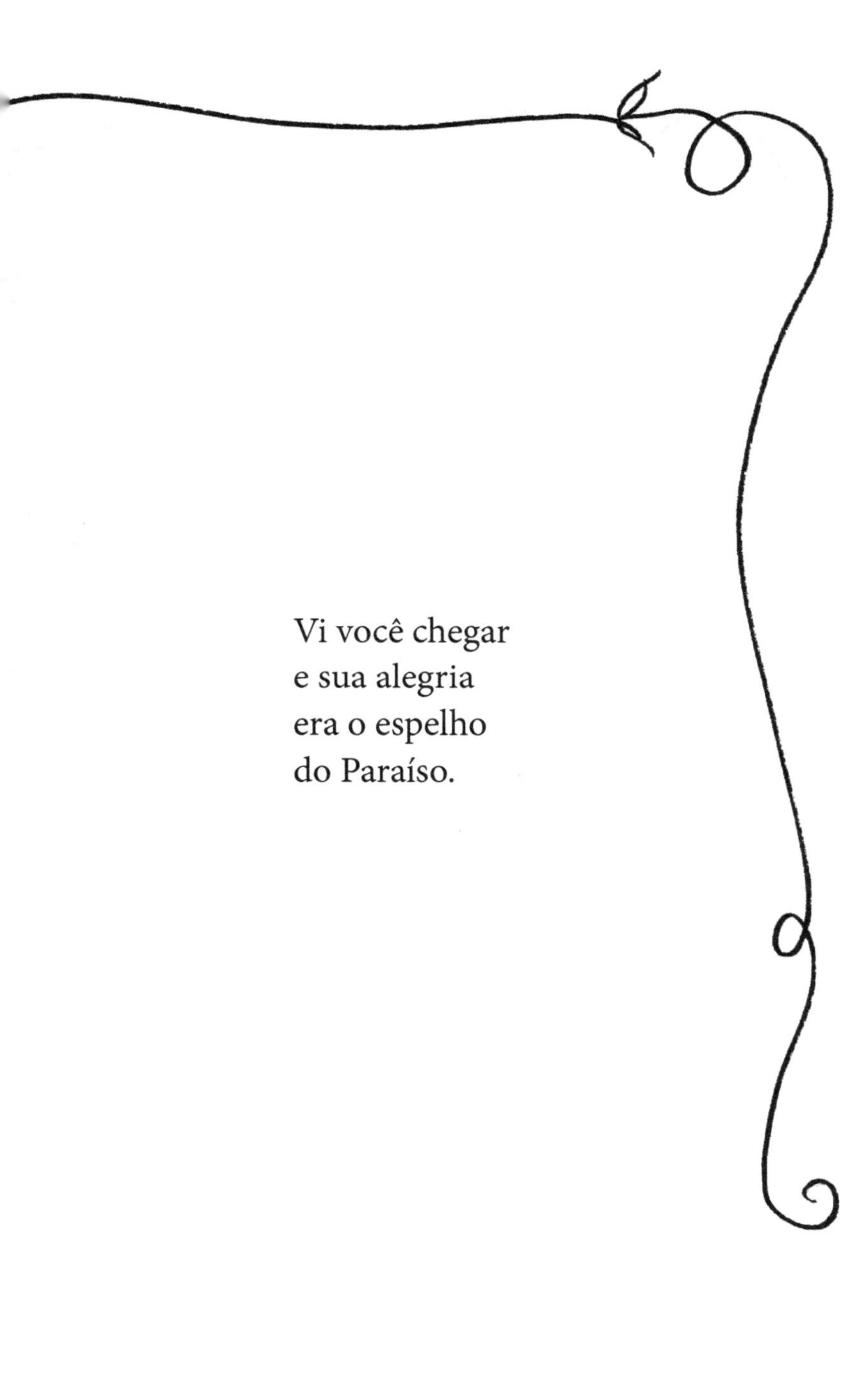

Vi você chegar
e sua alegria
era o espelho
do Paraíso.

Te vi
e pude comprovar
que também
era o meu rosto
que estava
contemplando
e esse foi
o seu primeiro presente.

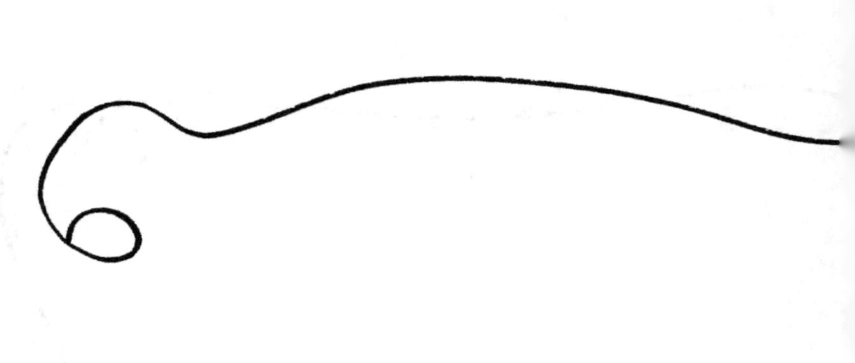

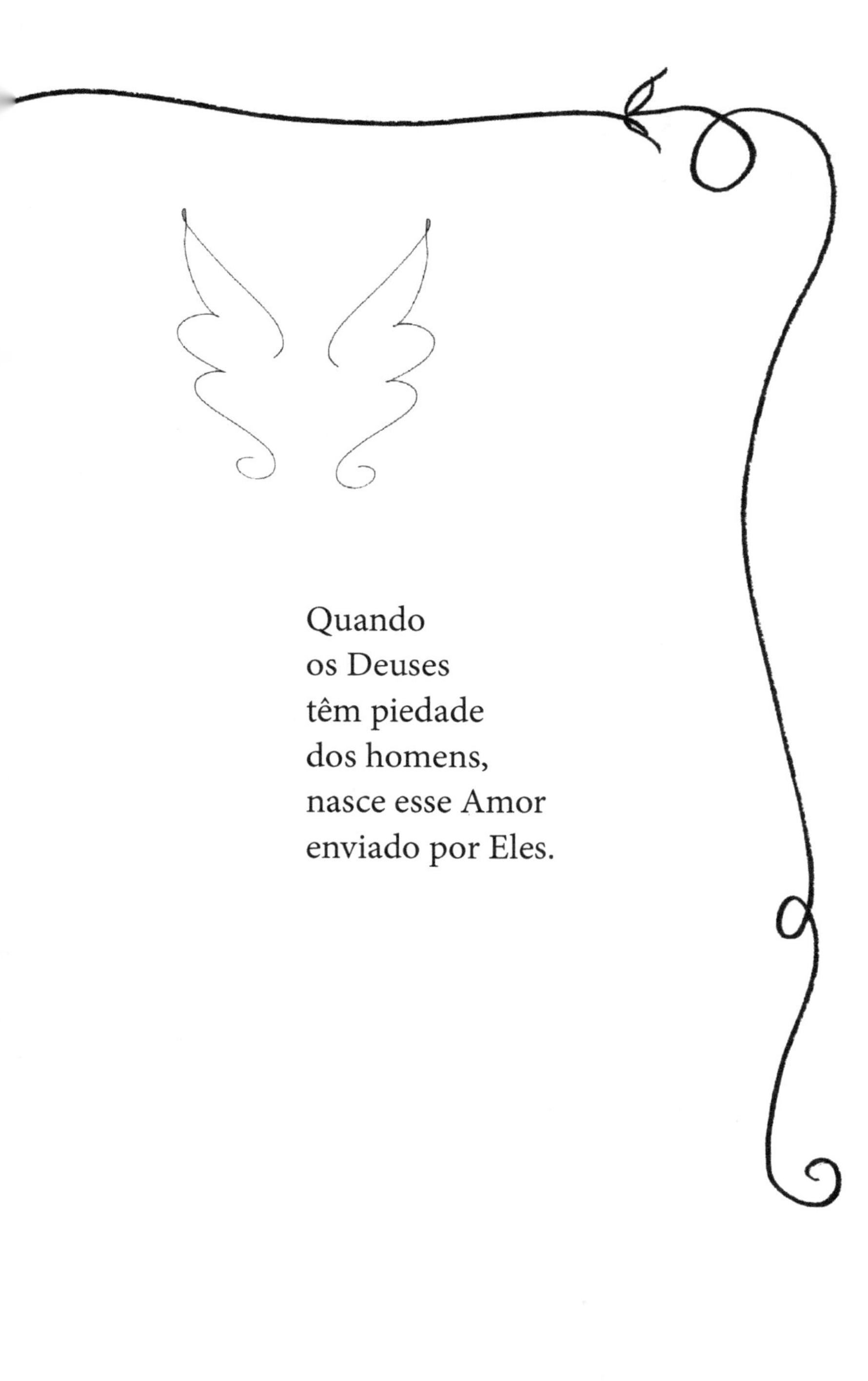

Quando
os Deuses
têm piedade
dos homens,
nasce esse Amor
enviado por Eles.

Nasce
em razão
daquilo que
nós fomos.
E nasce
para não ser
esquecido jamais.

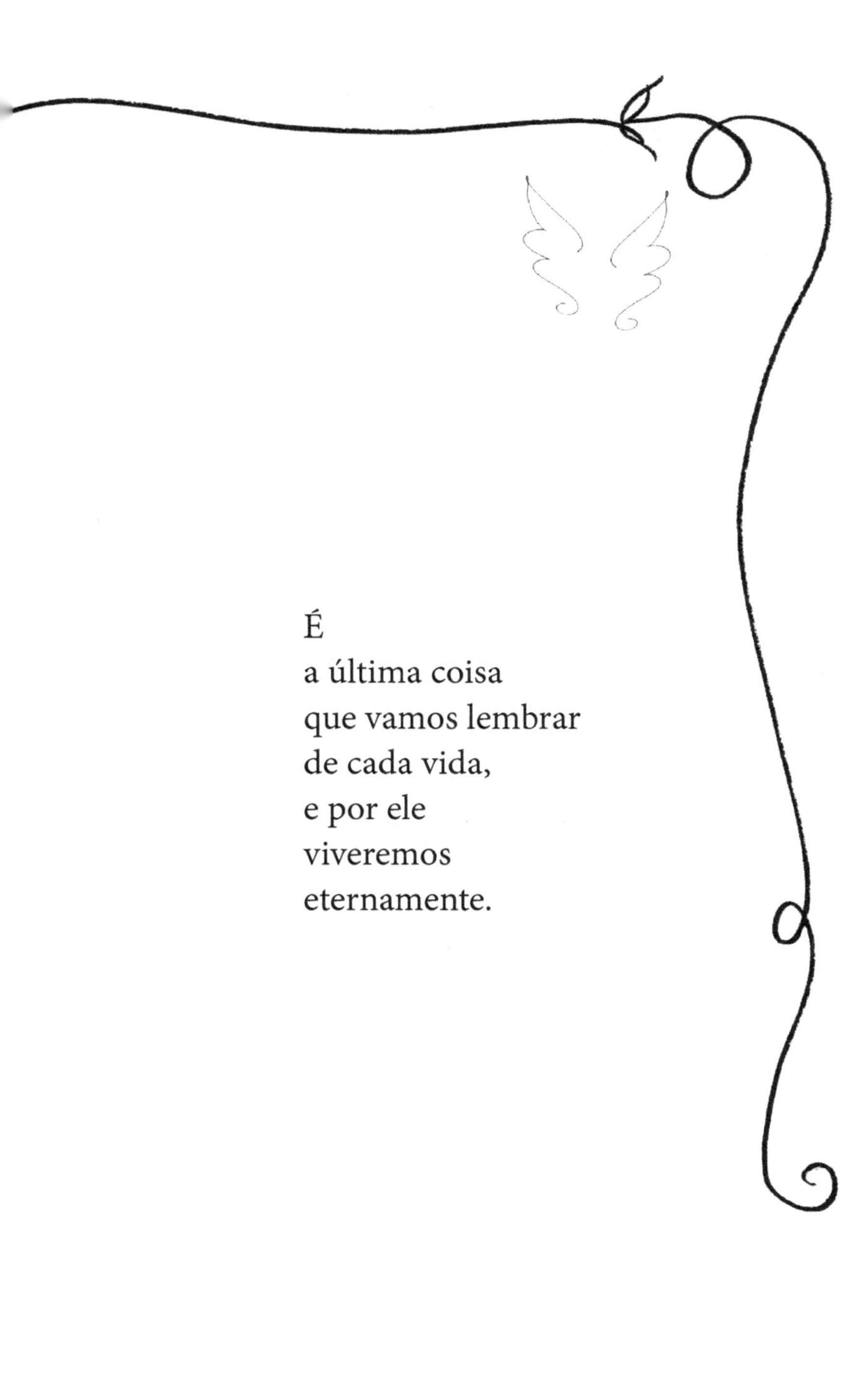

É
a última coisa
que vamos lembrar
de cada vida,
e por ele
viveremos
eternamente.

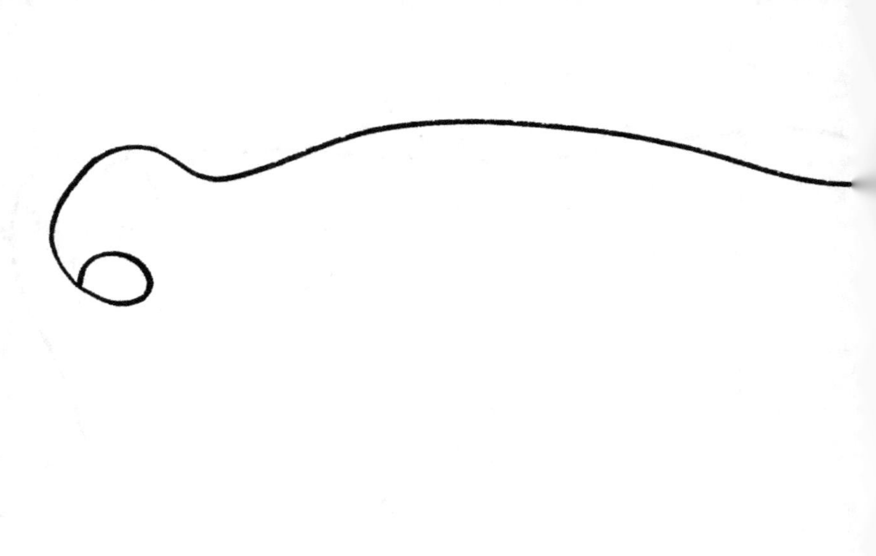

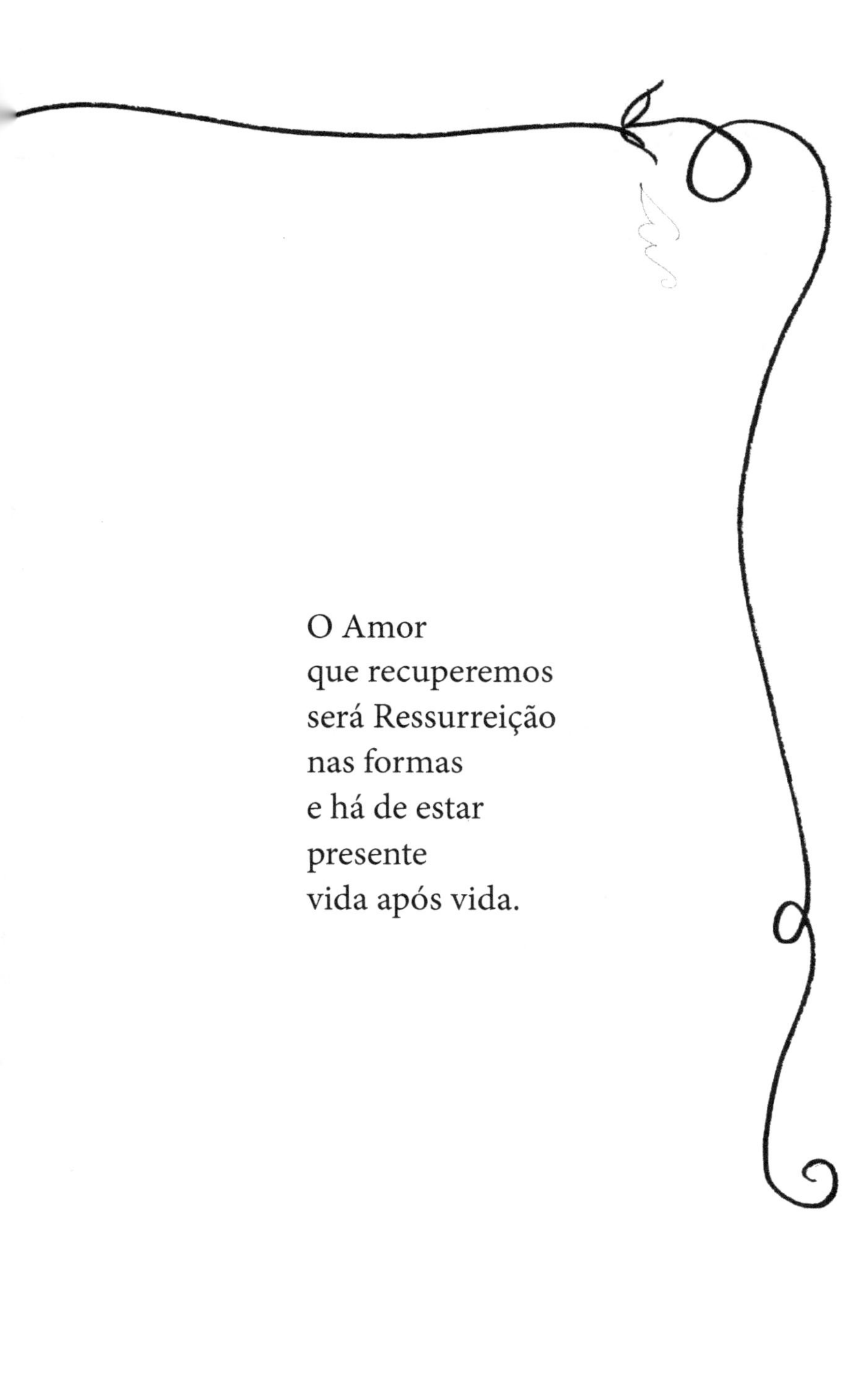

O Amor
que recuperemos
será Ressurreição
nas formas
e há de estar
presente
vida após vida.

Mel e doçuras
saem de tua boca
e qual
palavra santa
predicam
o instante
no qual
Deus
nos concedeu
a Existência.

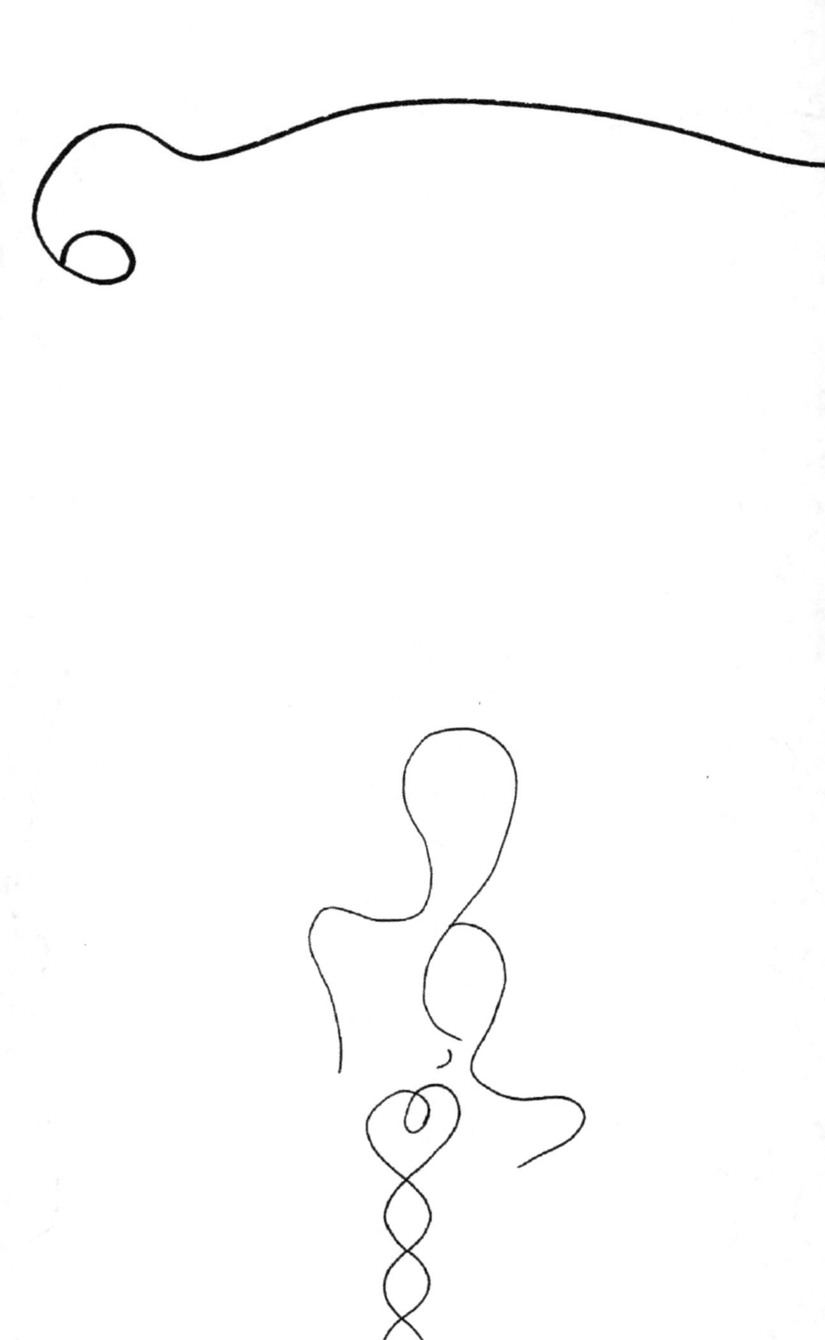

Então soubemos
um
sobre o outro
e demos lugar
a esse Amor,
que é nostalgia
daquele ontem,
quando ambos
éramos
Um.

Isto
impedirá
a ilusão
de morrer
e nos fará
despertar
para a Vida Eterna.

Amiga minha,
o mundo nos espera
e o trabalho de ambos
deve indicar
o caminho.

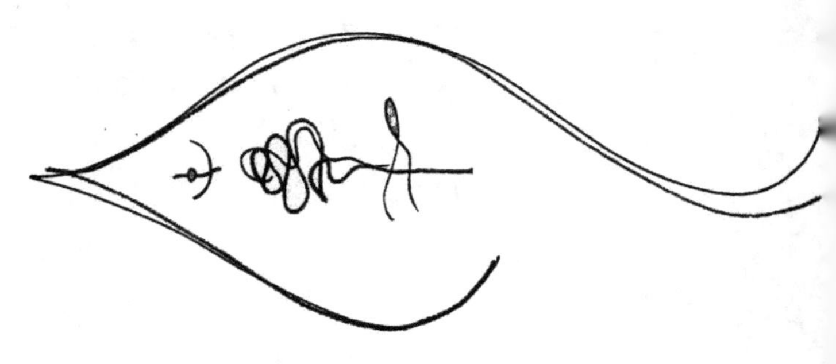

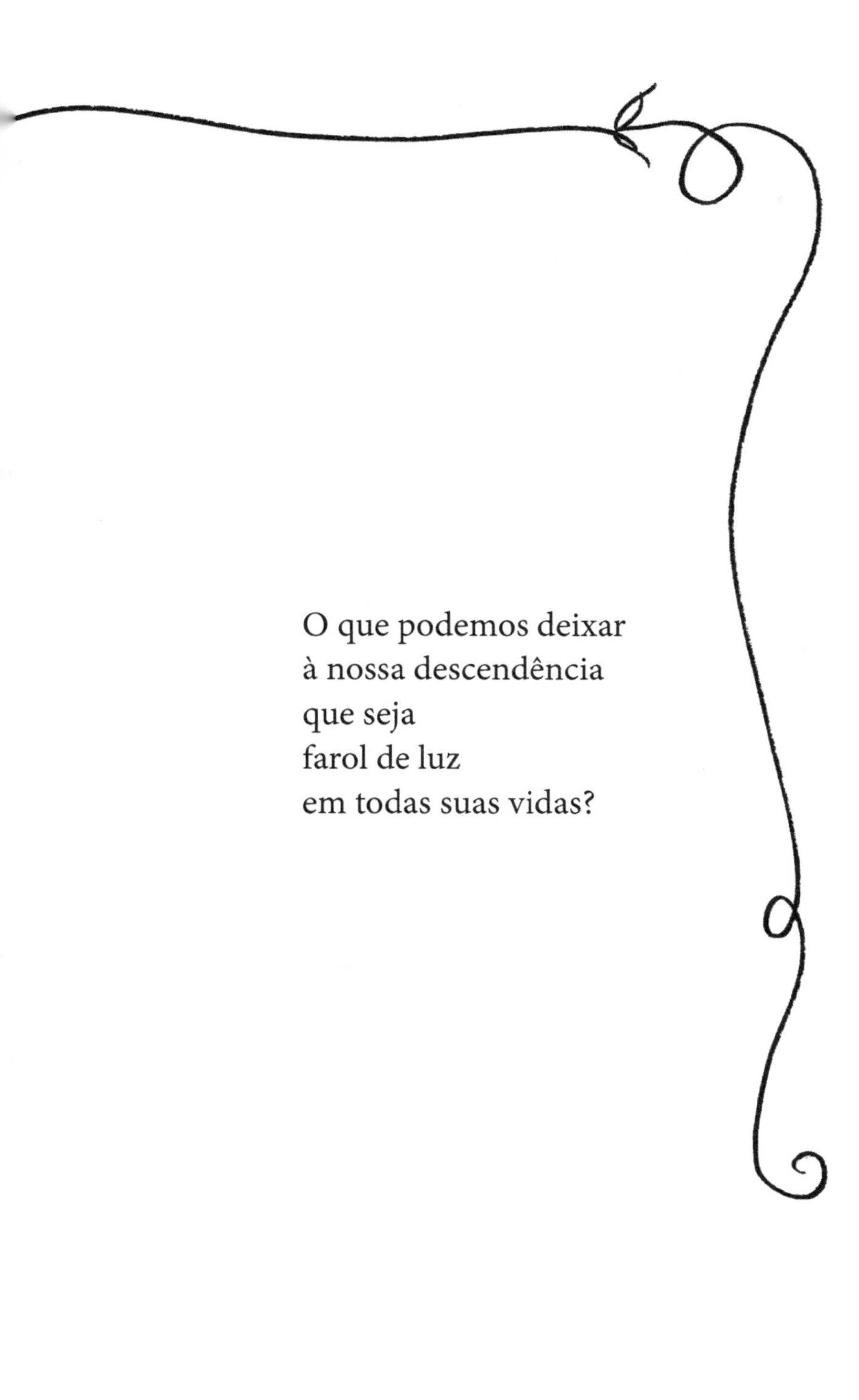

O que podemos deixar
à nossa descendência
que seja
farol de luz
em todas suas vidas?

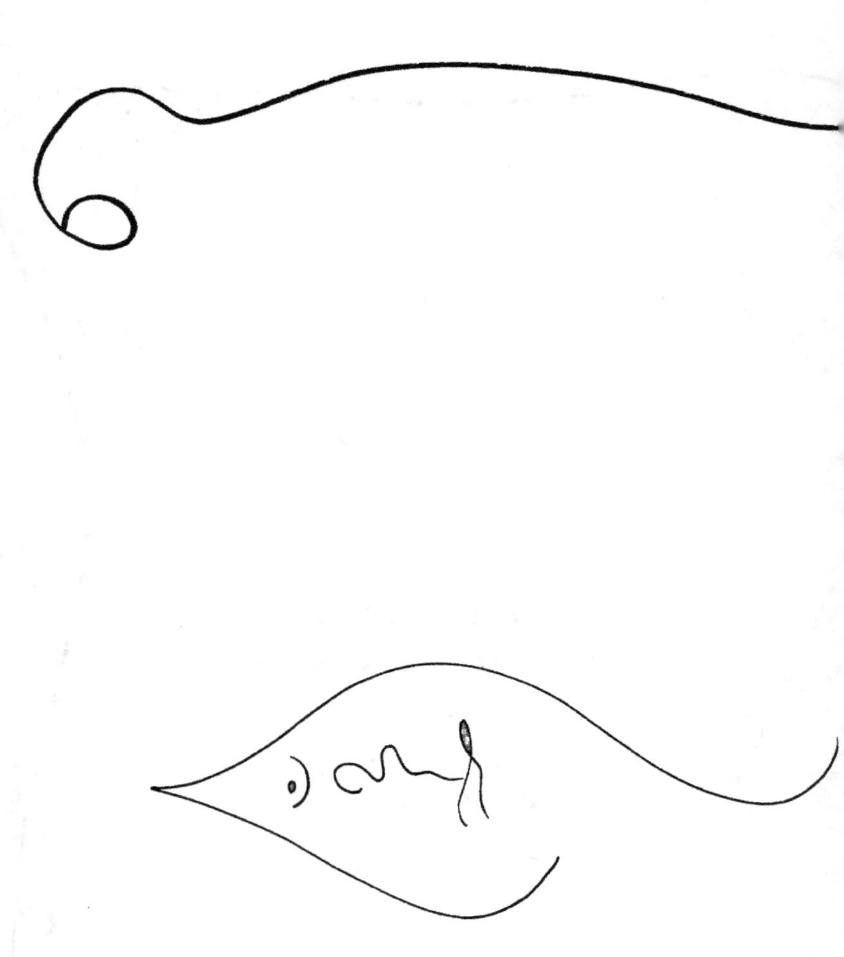

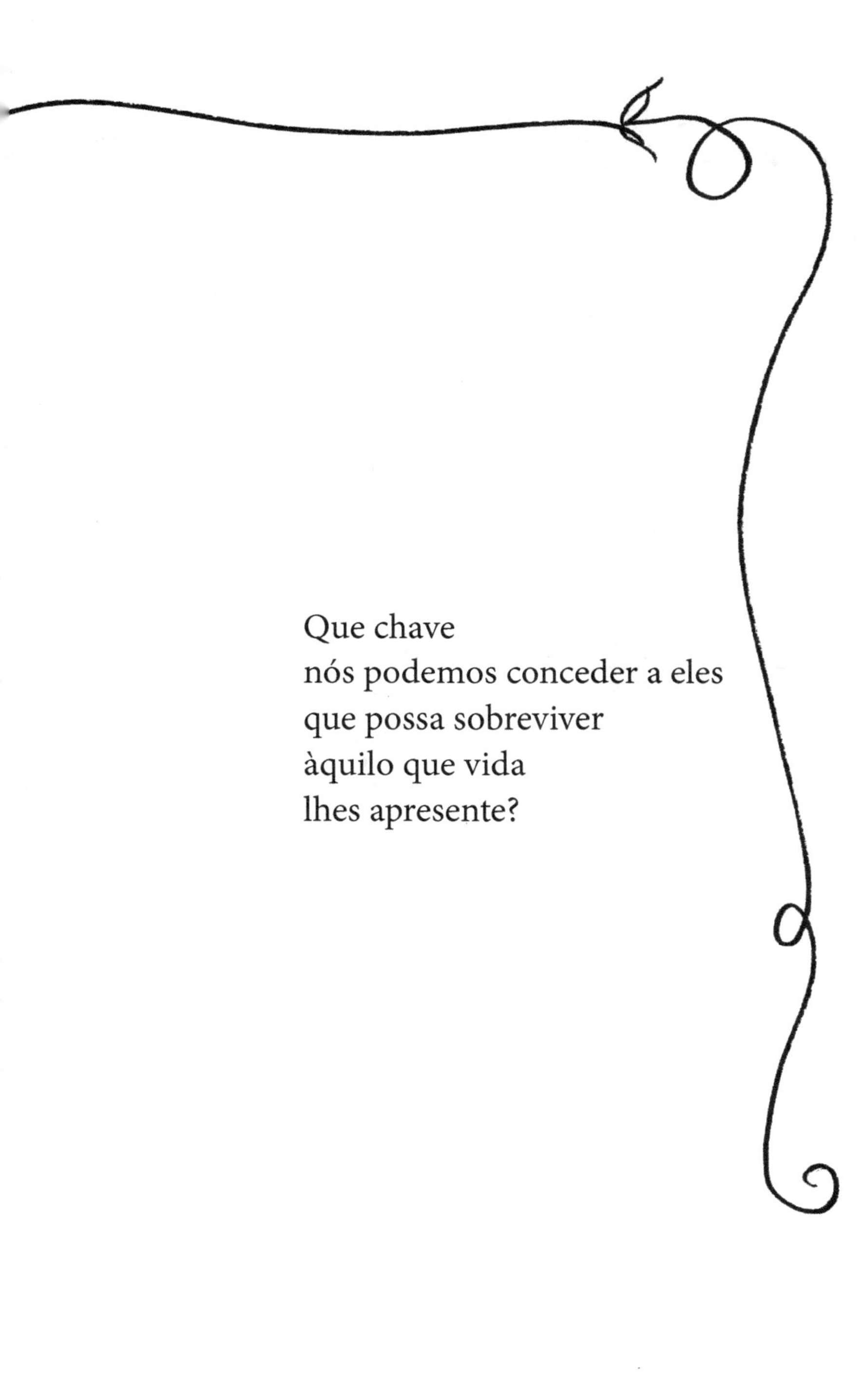

Que chave
nós podemos conceder a eles
que possa sobreviver
àquilo que vida
lhes apresente?

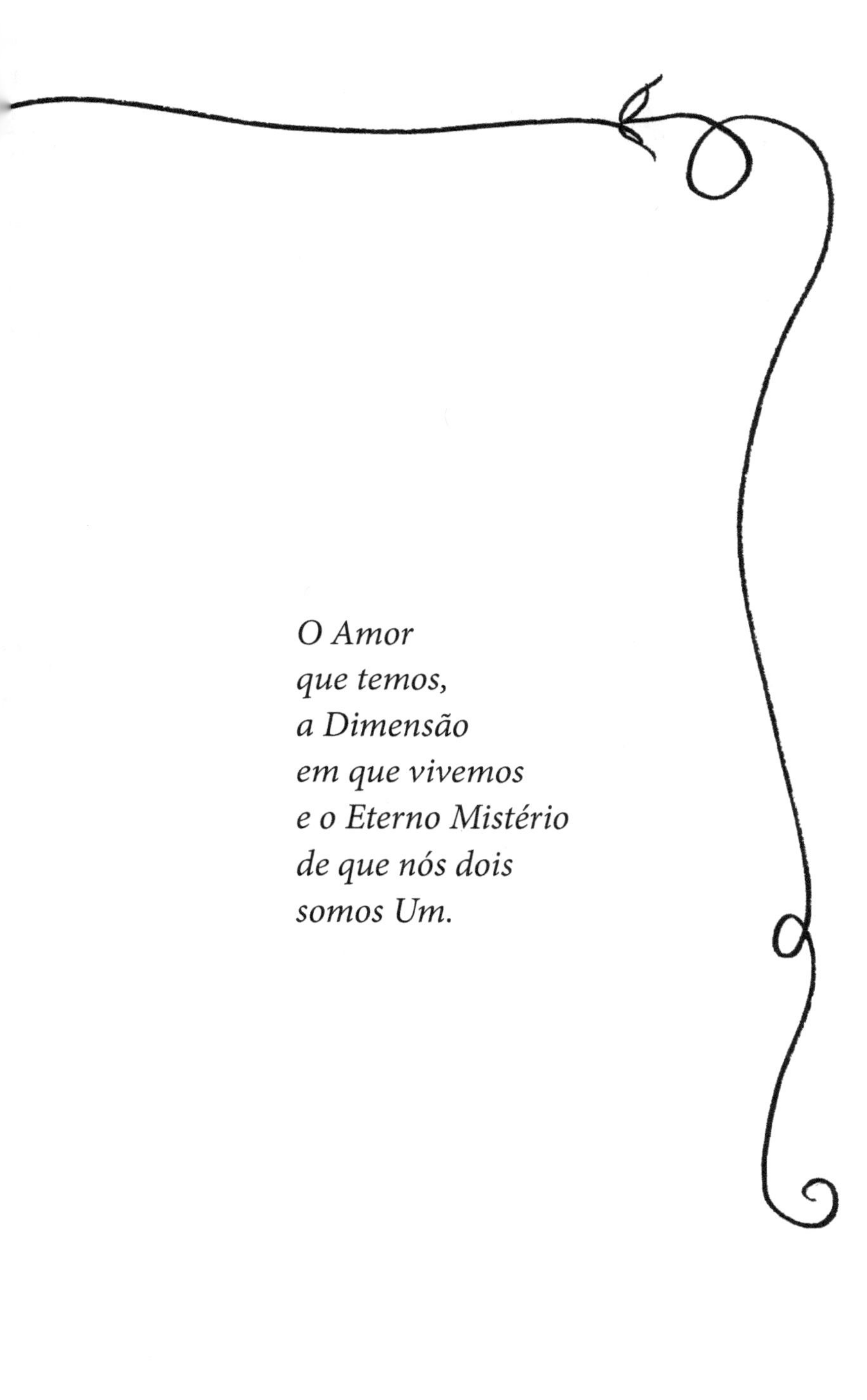

*O Amor
que temos,
a Dimensão
em que vivemos
e o Eterno Mistério
de que nós dois
somos Um.*

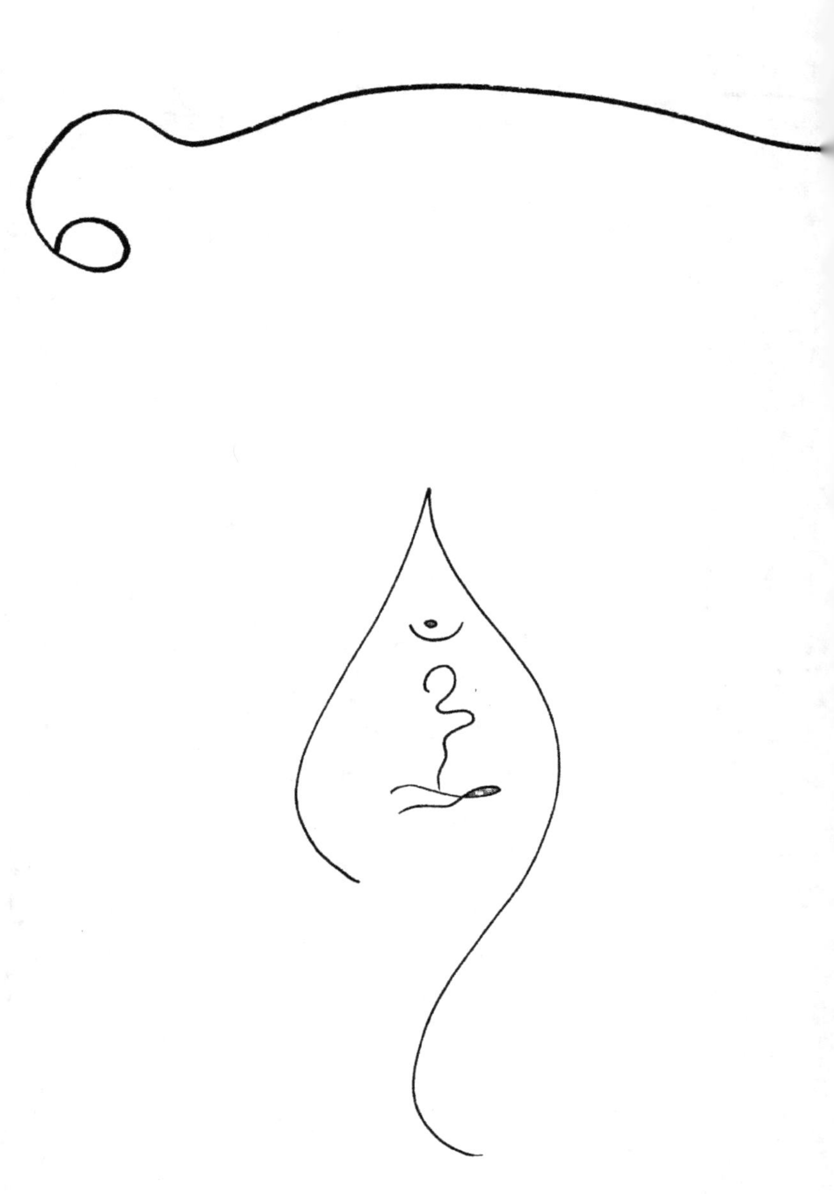

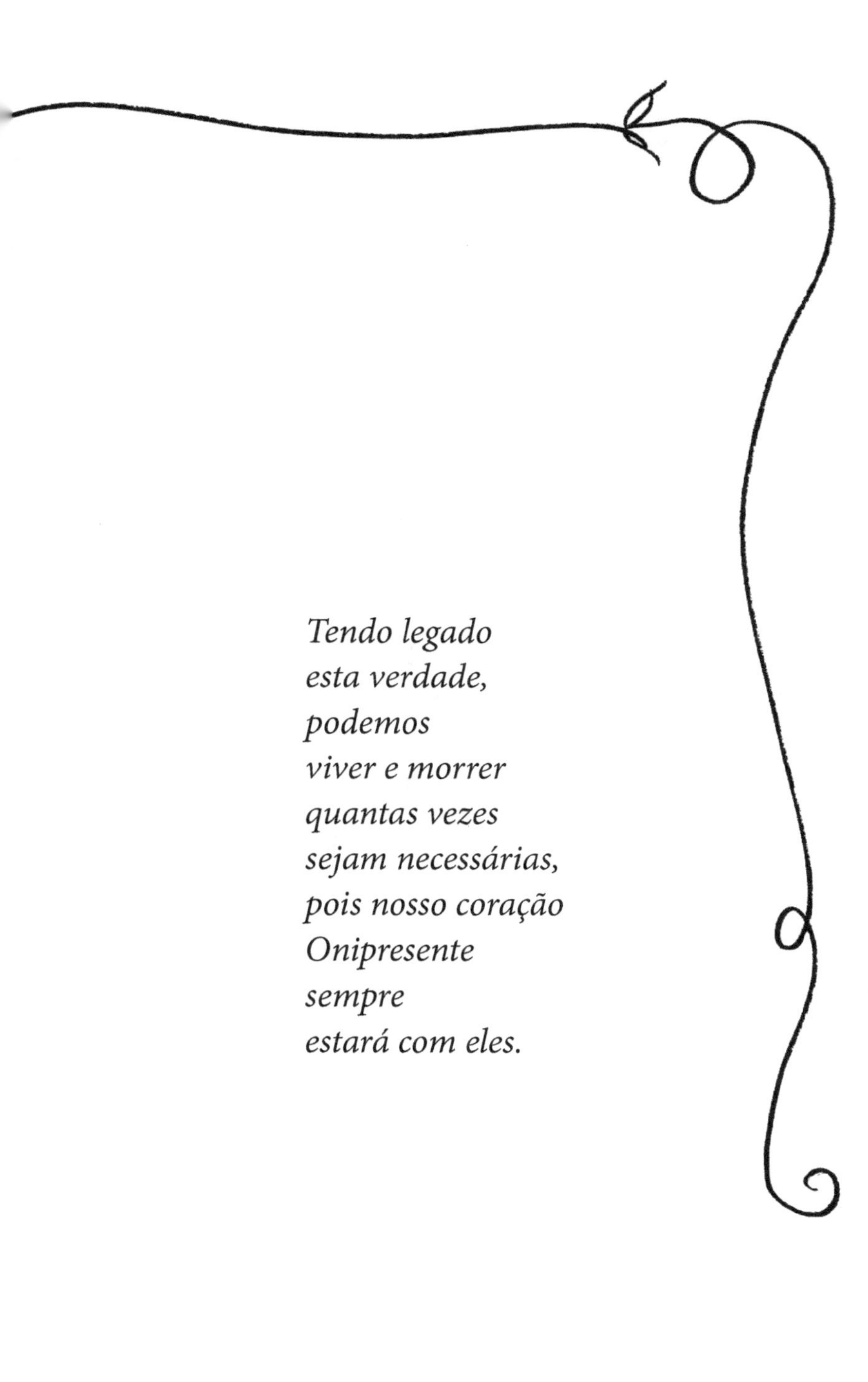

Tendo legado
esta verdade,
podemos
viver e morrer
quantas vezes
sejam necessárias,
pois nosso coração
Onipresente
sempre
estará com eles.

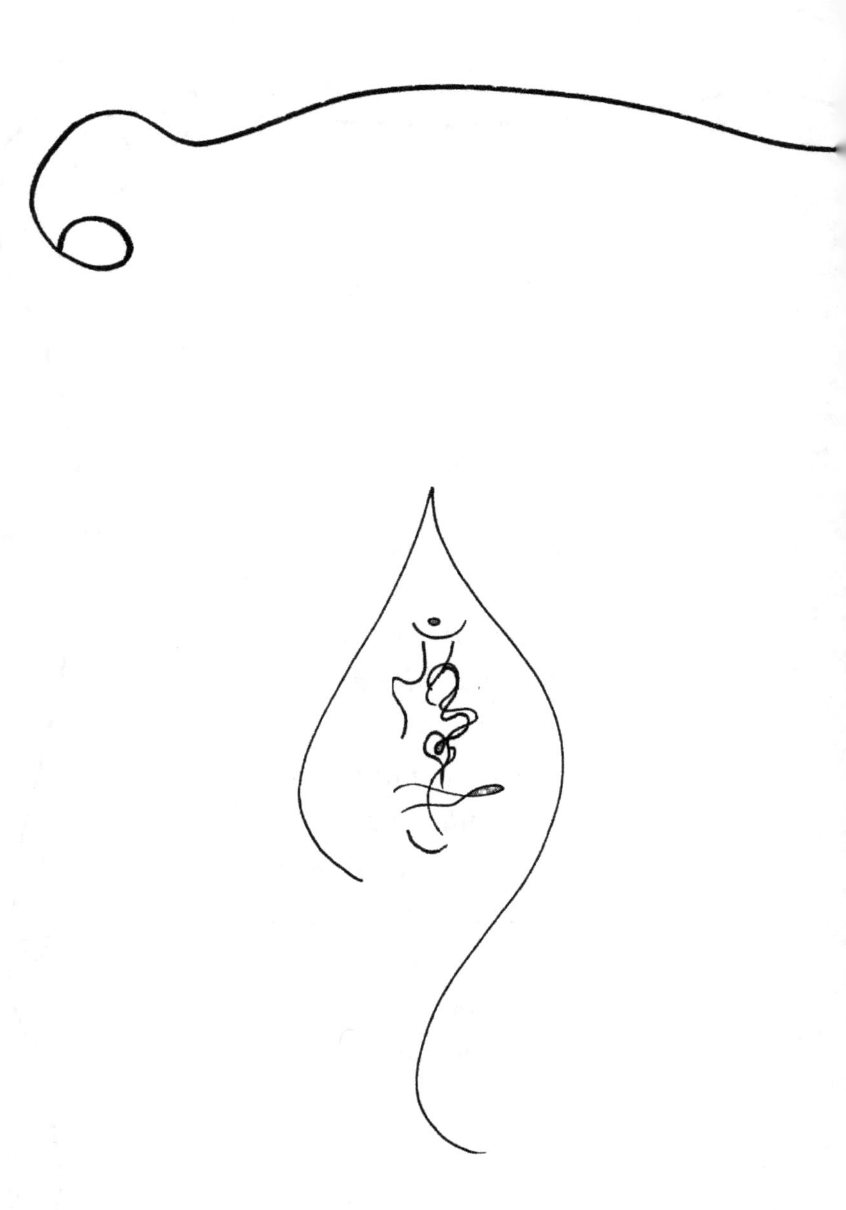

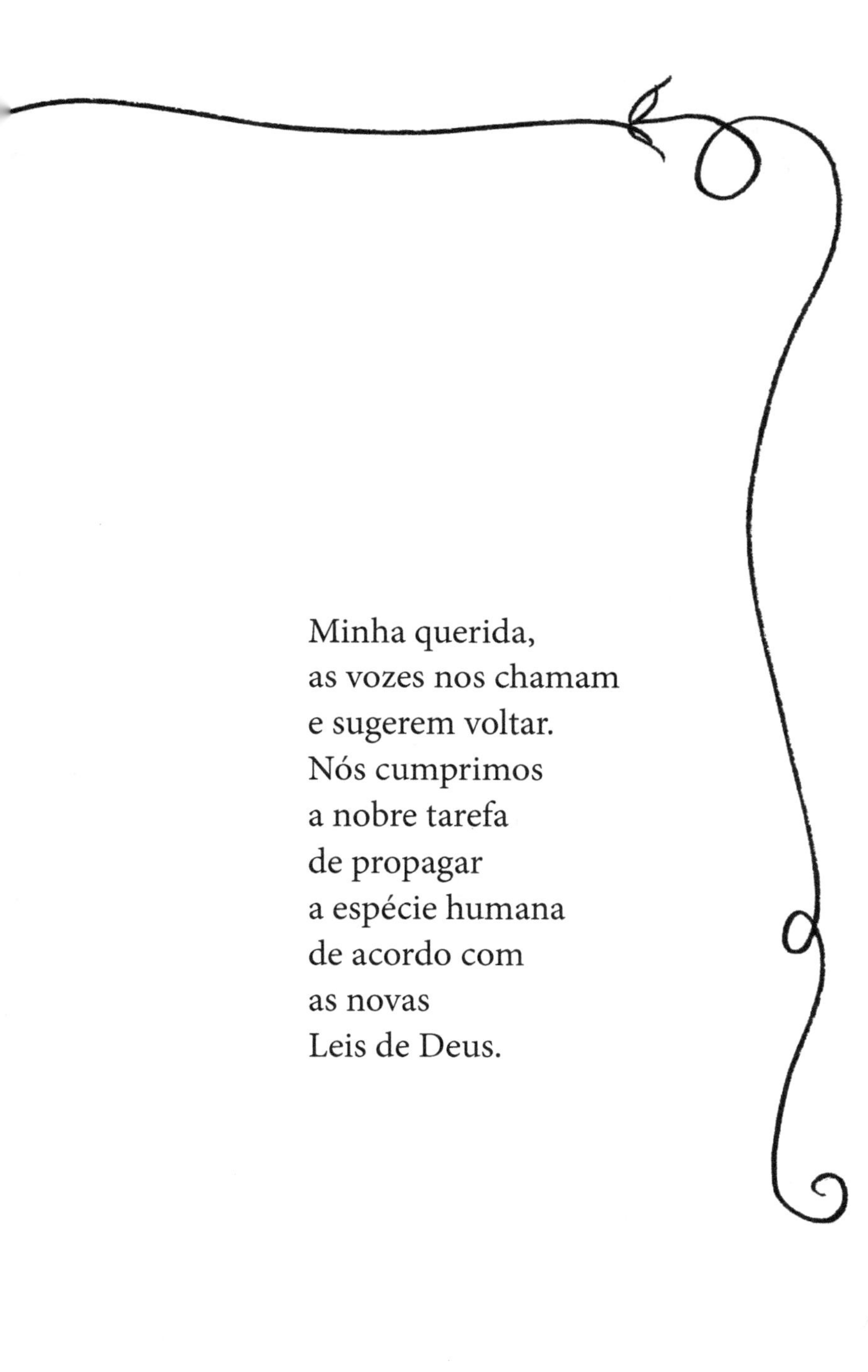

Minha querida,
as vozes nos chamam
e sugerem voltar.
Nós cumprimos
a nobre tarefa
de propagar
a espécie humana
de acordo com
as novas
Leis de Deus.

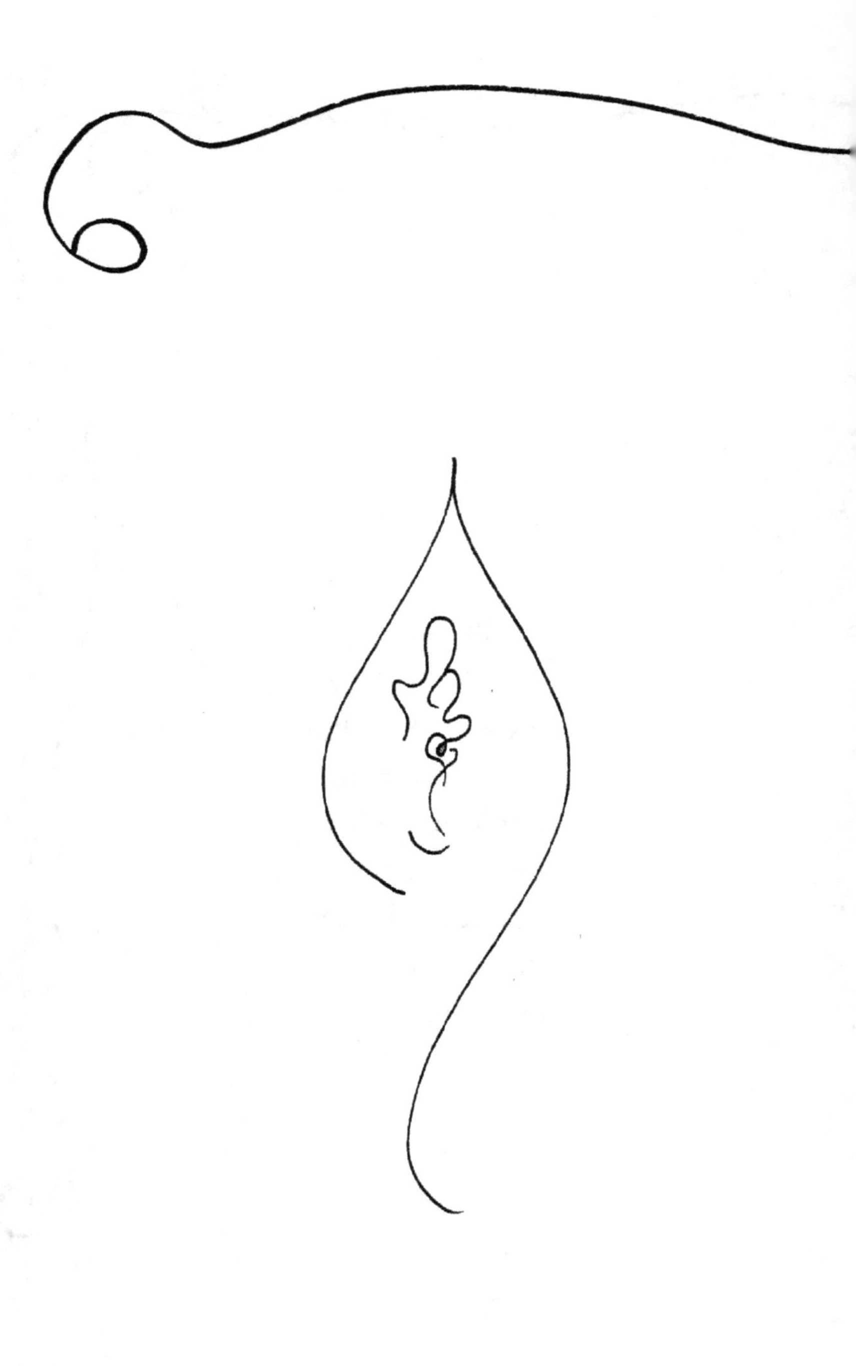

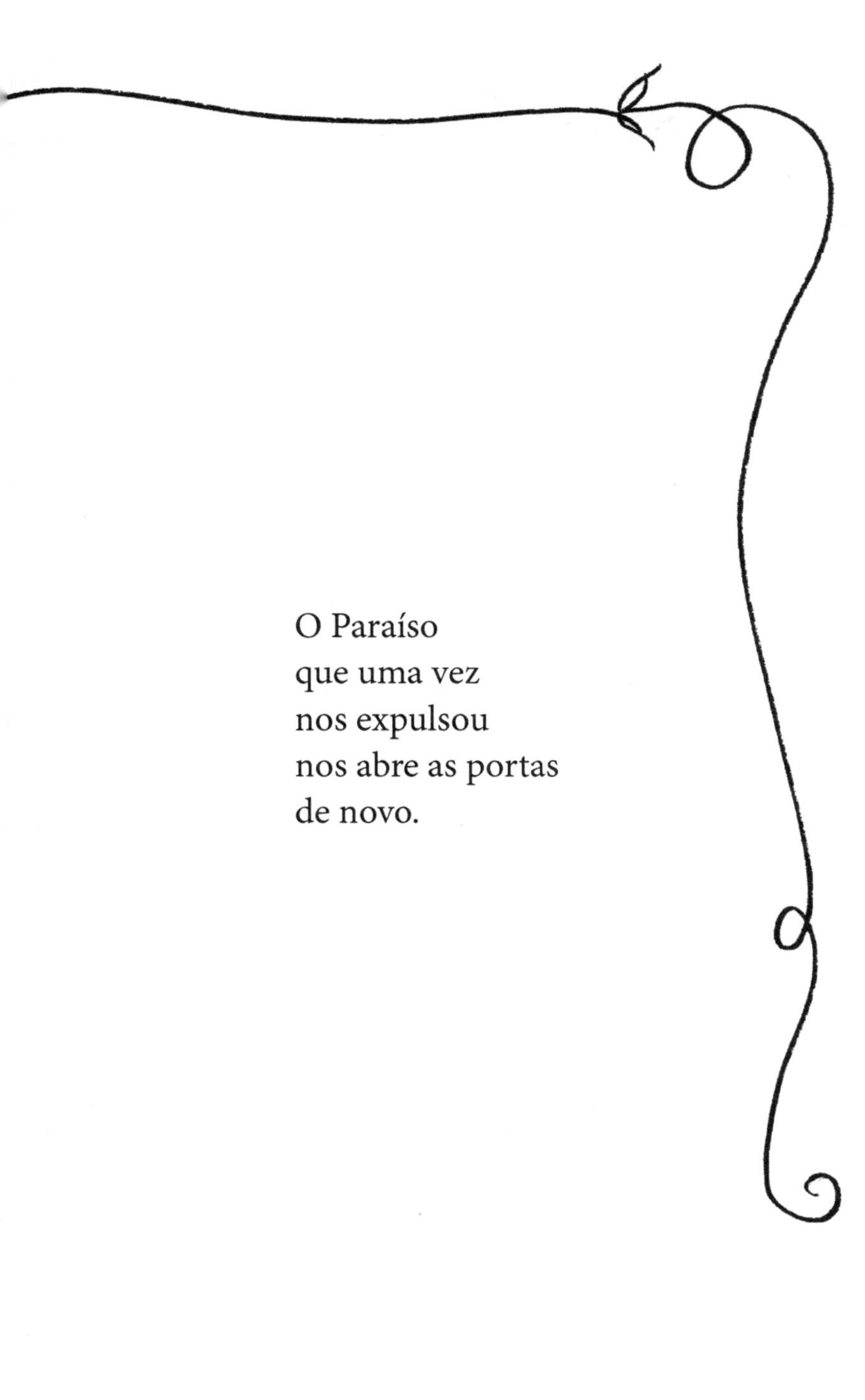

O Paraíso
que uma vez
nos expulsou
nos abre as portas
de novo.

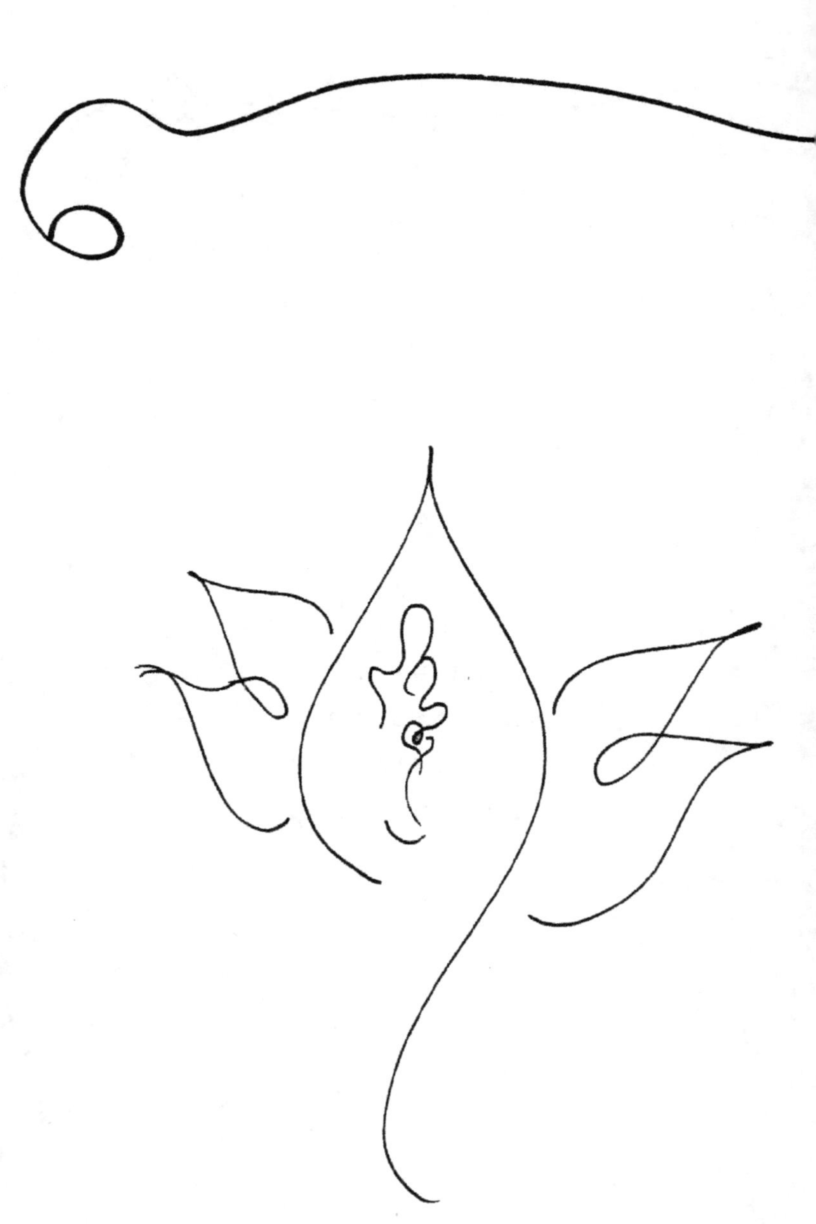

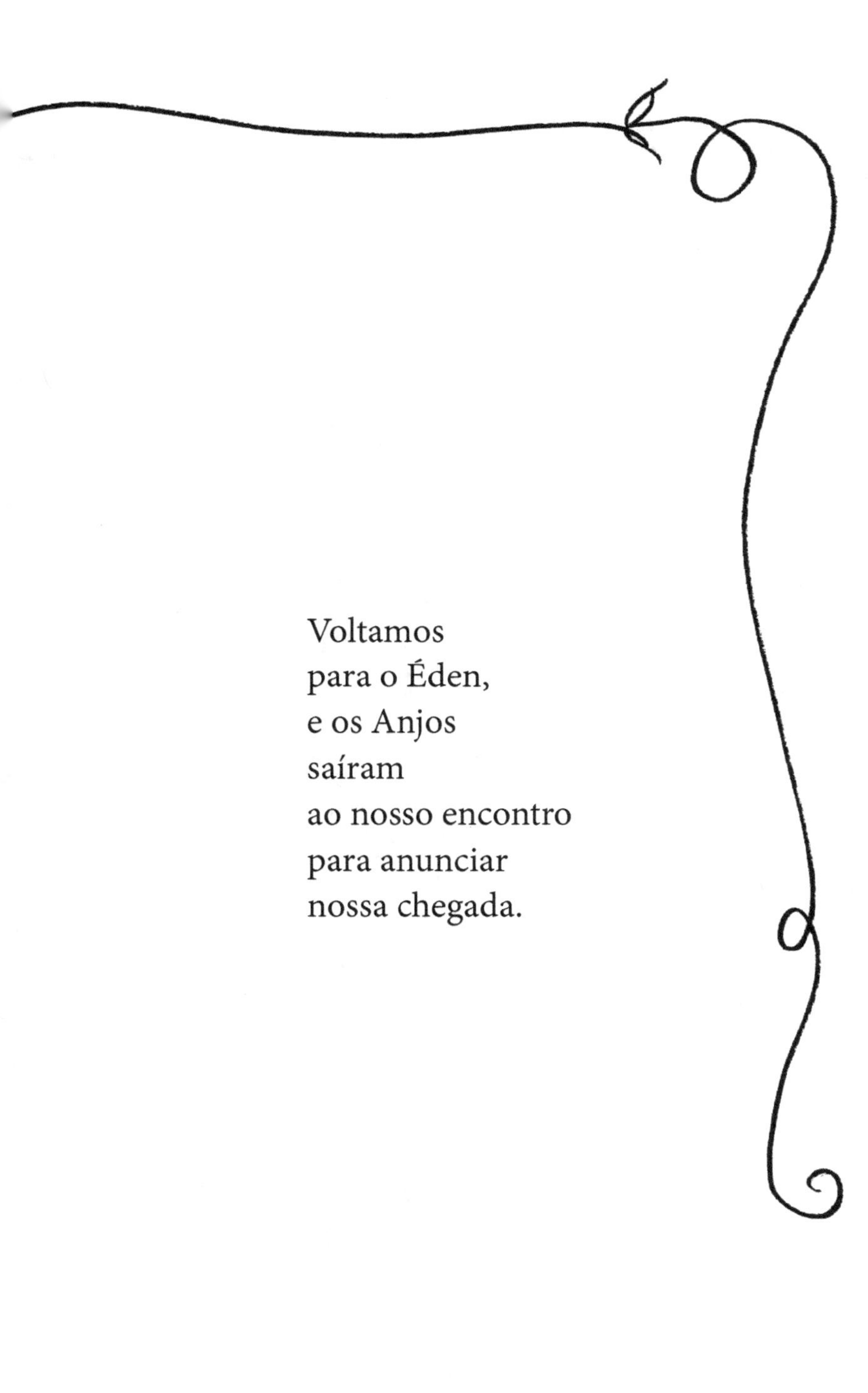

Voltamos
para o Éden,
e os Anjos
saíram
ao nosso encontro
para anunciar
nossa chegada.

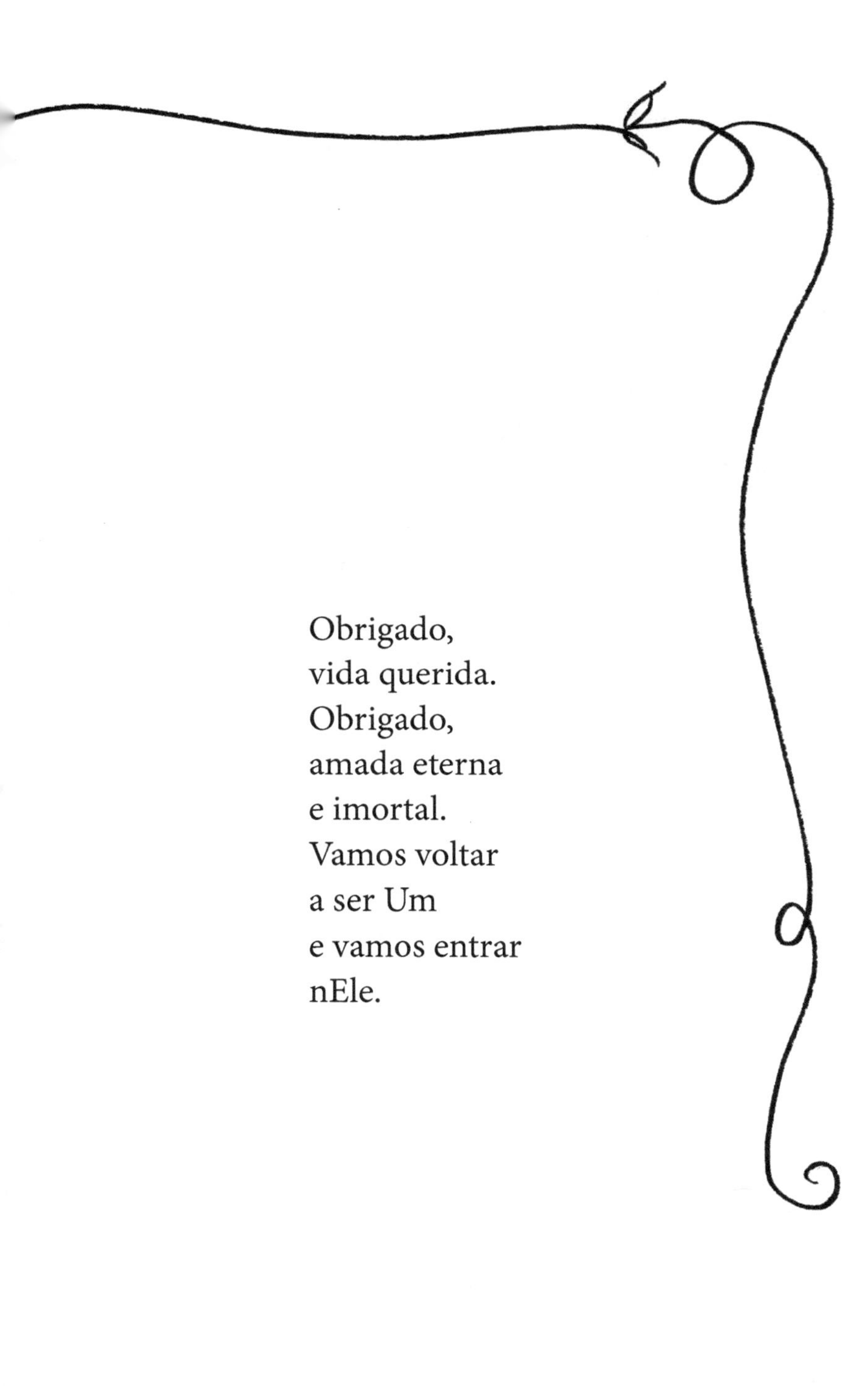

Obrigado,
vida querida.
Obrigado,
amada eterna
e imortal.
Vamos voltar
a ser Um
e vamos entrar
nEle.

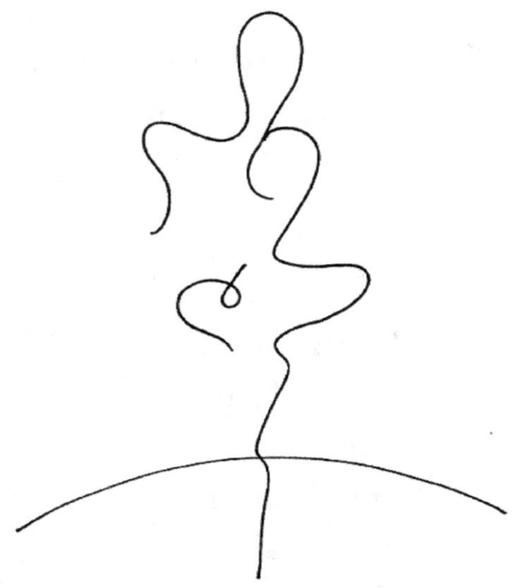

O Mestre,
um Sol chamado Yaco

Na imensidão do universo e na infinitude do tempo, a vida humana avança passo a passo. Às vezes viajamos graciosamente atraídos pela força da própria Evolução. Outras vezes, o passo é mais lento, porque a bagagem é variada e as mil roupagem que cobrem o Ser trazem um "sem fim" de ilusões. Inclusive às vezes andamos em círculos, sempre retornando ao mesmo lugar. Caminhamos para fora, para dentro, em direção a horizontes distantes e, em nossas noites mais escuras, caminhamos às cegas.

Em nossa caminhada por múltiplos tempos e dimensões estão as sementes da Existência, as chaves que, um dia, unirão a Origem e o Destino em nossa consciência. E, como na imensidão da Vida, tudo é eterno; por um instante, acreditamos que o Tempo nos pertence e que a tarefa de crescer, reconhecer-nos, transformarmo-nos e tornarmo-nos úteis, pode ficar para amanhã.

Mas há um dia em que estamos prontos para aceitar um paradoxo: em meio à eternidade e à infinitude, tam-

bém temos que chegar a tempo. E como poderíamos chegar a tempo sem o Mestre? Sem esse Sol que brilha, dá calor e significado aos nossos passos? Alguém que chega para conjurar nossa solidão humana para sempre? Alguém que vela por nós nos entardeceres cinzentos de nossas almas e que dialoga sem parar com nosso próprio espírito?

O Mestre é a Oportunidade, é a Escola viva, é o Sentido de todas as nossas caminhadas. Ele nos abraça com amizade e compaixão ao mesmo tempo em que aceita até carregar nossa bagagem e colocar nossa roupagem, si isso for nossa redenção.

O Mestre é em si mesmo o futuro e pertence a aqueles dias que antecederam a Criação. O Mestre é a alegria que surge da certeza. E o Mestre é o elo inequívoco de nosso ser humano com toda a Criação. Neste tempo que nos foi concedido para nos encontrarmos e nos reconhecermos, a dimensão do Mestre tem um nome para nós: Yaco.

Nossas vidas foram transformadas para sempre pela inocência de seu olhar, pela luminosa compaixão de suas palavras e pelo tom de sua voz, que nos ensinou a dimensão da Vida e da Existência. Sua palavra significa uma ferramenta viva, atemporal. E seus silêncios, muitas vezes, significaram nossa salvação. Trabalha sem descanso e e sua própria vida e realização fizeram com que os tempos se ajustassem e a Obra tivesse lugar em cada um de nós.

Ele aceitou ser esse Amigo Imortal até que cada um chegue ao seu destino final. E sinto que nossa amizade é uma oferenda que honra a dimensão em que ele vive. E os laços de seda que nos unem, de alguma forma, representam sua Obra e sua própria Maestria.

Sei que sua alegria está no reconhecimento que fazemos uns dos outros. E que esse gesto nascido do nosso encontro transpassa os véus e dimensões. E chega até lá. E o abraça. E o beija em eterna gratidão.

Fabiana Garrido
Junho de 2017, Montevidéu, Uruguai

OUTRAS OBRAS MESTRAS

**Todos os livros de YACO ALBALA, disponibles en
www.AMAZON.com.br**

Doutrina solar

Neste livro o buscador encontrará uma série de noções que lhe permitirá mergulhar no Todo que compartilha com o que existe. Yaco há descrito essas paisagens com inusitada sensibilidade e. com a linguagem da alma que se reconhece itinerante. Se o leitor alcança ouvir o som cristalino da *doutrina solar* então reconhecerá a cor que só pode verse com os olhos que refletem a luz cósmica.

O Sendeiro do Discípulo

O sendeiro do discípulo lhe aproxima chaves para a maior das aventuras que o ser humano pode empreender: conhecer-se a si mesmo e saber-se livre. As palavras de Yaco acompanham o caminhante enquanto este atravessa o silêncio do deserto, a solidão da montanha. O sendeiro do discípulo é uma visão que é uma oração e uma certeza: a humanidade herdará a Terra.

Carta aos Filhos do Mundo
Carta a meu Pai

Este livro é uma diretriz de vida, uma chave deixada para todos os indivíduos, que busca um caminho e uma razão de existir. A obra da Yaco é um legado a ser descoberto pelas atuais e futuras gerações, de uma humanidade que precisa ser transformada em muitos aspectos e redescobrir o seu real destino. E isso só é possível através do Amor.